政策評価における
公会計の機能

宮本 幸平 著

税務経理協会

まえがき

　現在（平成25年）におけるわが国の経済は，ヨーロッパ経済危機の影響，それまでの円高進行による輸出企業の不振などにより，貿易収支の恒常的赤字化が危惧される状況にある。こうしたなか，わが国の企業は，生き残りを賭けて生産拠点の海外移転を加速させ，これが，産業の空洞化や雇用減少を呼び起こしている。そして，少子高齢化の加速と相まって，税収等の政府収入が年々減少し，国民に対するサービス提供の劣化が懸念される事態に陥っている。

　かかる事態において，政府（地方政府を含む）が最も留意すべきことは，希少である財源を効率よく投入し，サービス受益者である国民に対する福祉レベルの維持を図ることである。そこで，政府がとるべき措置の一つは，財源の投入によって実施された政策に対し，当該業績の経済性，効率性，有効性（一般に３Ｅと呼ばれる）を測定・評価し，広く開示することにある。即ち，潤沢といえない財源に対し，如何にして投入額を抑制し（経済性），如何にして多くの量を提供し（効率性），如何にして受益者の便益を増加させるか（有効性）について，主に事後評価を行い，次期の予算編成に資する情報として，さらには国民に対する説明責任を全うするための情報として，一般に開示する必要がある。

　そして，現行のわが国政府における活動業績の評価システム（本書では政策評価システムと呼ぶ）においては，主に，「ベンチマーキング」の情報と，人件費や物件費などの「会計情報」が表示されている。

　ベンチマーキングとは，事前に設定されたサービス提供量の目標値（ベンチマーク）に対する達成のレベルに基づいて，政策の「有効性」を測定・評価しようとするものである。そして，ベンチマーキングの情報が，現在（平成25年）におけるわが国政策評価の主たる測定値となっている。しかしこれは，当該政策の担当者もしくは評価者が自ら設定したベンチマークに対し，その達成度（パーセンテージ）をもって業績測定値とするものである。即ちここには，政策担当者・評価者の主観が介在することになり，サービス受益者にとっての「有

効性」の測定値とはなりにくい。ベンチマークに対する達成度が良好な結果であり，政策が「有効」であったと判断され，当該判断に基づいて次期予算が確保されたとすれば，恣意的配分の可能性を排除できないことになる。

このように，ベンチマーキングは自己評価を前提とする評価手段であり，活動結果に対する自省と，政策継続のための財源確保には有効である。しかし，表示情報の客観性と信頼性を担保するためには，利害関係のない第三者による，統一ルール（基準）に基づいた評価を実施する必要がある。企業会計のように，一般に公正妥当と認められた基準に基づいて財務諸表が作成され，これを社外の会計監査人等が監査することにより，測定された情報の信頼性が確保されるのである。

他方，人件費や物件費などの「会計情報」について，これは政策の「経済性」を評価するための表示項目である。そして，会計ルールに基づいて測定された情報の事業への配賦額であるため，測定値自体に客観性が具備されている。ただし，各事務事業には間接コストも存在し，これが予算編成や説明責任査定の意思決定にとって有用な情報となる可能性がある。また，財源のファイナンスを負債でまかなう場合，当該執行には説明責任が伴ってくる。したがって，政策評価システムにおけるこれらの情報を措定すべく，会計理論的考察を進めていく必要がある。

そこで本書は，主に地方政府の「政策評価」において，如何なる測定値を表示すれば主観の介在が回避され得るか，予算編成（内部者による）と説明責任査定（外部者による）のために如何なる財務情報を表示すべきかを，考察の主たるテーマとする。そして考察の方法は，社会科学の代表的研究手法である「規範演繹的研究」によるものとする。即ち，抽出問題点に対して目標仮説（当為）を設定し，これに対して規範演繹的に考察を行うことにより，結論を導出しようとするものである。その結果，受益者が得る（感じる）ところの「有効性」の測定・評価ができ，優先順位が高い政策への重点的な予算編成ができ，さらには国民・住民に対する説明責任を全うする情報が開示できる。

筆者の研究活動における知見養成は，京都大学制度派会計学ワークショップ

によるところが大きい。

　藤井秀樹京都大学教授には，当該ワークショップをはじめ学会，研究会，審議会などで公私にわたってご指導を仰ぎ，また非営利組織の会計理論・制度について深遠な啓示を頂戴している。

　徳賀芳弘京都大学教授には，社会科学研究の方法論について重要な示唆を頂いたほか，ワークショップでは，毎々会計理論についての指導を賜っている。

　大野俊雄神戸学院大学教授には，職場において，会計学研究の奥深さ，多面性についてご教示頂き，また会計学教育のあり方についてもご指導を仰いでいる。

　亀井孝文南山大学教授には，国際公会計学会中部部会の場で，公会計の有機的計算構造等について，体系的な理論基礎のご教示を頂いている。

　先生方には，紙上にて大変不躾であるが，改めて御礼を申し上げたい。

　本書の出版にあたっては，税務経理協会鈴木利美氏に並々ならない御尽力を頂いた。ここで，深く感謝の意を表したい。

　最後に，本書の出版を快諾頂いた，税務経理協会社長大坪嘉春氏をはじめとする社員の皆様に対して，こころより御礼を申し上げたい。

　2013年1月11日

　　　　　　　　　　　　　　　　　　　　　　　　　　　　宮本　幸平

目　　次

まえがき

序章　本研究の目的と方法 … 1

1　研究の意義 … 1
2　研究の方法 … 2
　2.1　「問題点抽出」の方法 … 3
　　(1)　目的論的関連の観点からの問題点抽出 … 3
　　(2)　因果関連の観点からの論点抽出 … 4
　2.2　問題点考察による「結論導出」の方法 … 5
3　本研究の構成 … 6

第1章　政策評価システムにおける「業績測定」と「業績評価」 … 11

1　はじめに（考察の目的） … 11
2　政策評価システムの概要 … 12
　2.1　政策評価における「業績評価」 … 12
　2.2　「業績評価」の三つの基準 … 14
　2.3　政策評価の対象範囲 … 16
　　(1)　政策評価システムの体系 … 16
　　(2)　政策評価の時点 … 17
　2.4　「業績評価」情報の利用者 … 18
3　予算制度と政策評価との関係 … 19
　3.1　予算制度と政策評価の関係 … 19

3.2　事後評価のフィードバック ……………………………………20
4　政策評価システムで表示される「業績測定」値 ……………………21
　　4.1　アメリカ政府会計概念書が規定する「SEA報告」の
　　　　 概要 ………………………………………………………………21
　　4.2　GASB／SEA報告における「インプットの測定値」…………22
　　4.3　GASB／SEA報告における「アウトプットの測定値」………23
　　4.4　GASB／SEA報告における「アウトカムの測定値」…………24
　　4.5　小　　括…………………………………………………………25
5　わが国地方政府の政策評価システム（誘導プロセス含む）……26
　　5.1　わが国の政策評価実務における「業績測定」値………………26
　　5.2　「業績測定」値に基づく「業績評価」への誘導プロセス ………27
　　　(1)　インプット測定値の「経済性」評価への誘導…………………27
　　　(2)　アウトプット測定値の「効率性」評価への誘導………………28
　　　(3)　アウトカム測定値の「有効性」評価への誘導…………………29
　　　(4)　小　　括…………………………………………………………29
6　おわりに（考察のまとめ）………………………………………………30

第2章　政策評価システムにおける「業績測定」の問題点抽出 ……35

1　はじめに（考察の目的）…………………………………………………35
2　目的論的関連の観点からの問題点抽出 ………………………………36
　　2.1　目的論的関連の観点からの問題点抽出の意義 ………………36
　　2.2　説明責任と期間衡平性の査定を行う上での問題点……………38
　　2.3　アウトプット測定値とアウトカム測定値の類別の
　　　　 不明確性……………………………………………………………39
　　2.4　インプットとアウトカムとの関連情報の問題点 ………………42

3　因果関連の観点からの問題点抽出 …………………………………44
3．1　因果関連の観点からの問題点抽出の意義 …………………44
3．2　アウトカム測定値における主観介在の問題 ………………45
(1)　GASB政府会計概念書のアウトカム測定値 …………………45
(2)　わが国政策評価システムのアウトカム測定値 ………………46
4　おわりに（抽出された問題点）…………………………………47

第3章　「業績測定」の抽出問題点に対する目標仮説の設定 …………51

1　はじめに（考察の目的）………………………………………………51
2　抽出問題点の総括と統合・分類 ……………………………………52
3　目標仮説①の設定（期間衡平性査定の問題に対して）…………53
4　目標仮説②の設定（アウトカム測定値の主観介在に対して）…………………………………………………………………55
4．1　提供サービスの「成果」測定における測定観 ……………55
(1)　「収入・支出測定」と「費用・便益測定」の二つの測定観の並存 ……………………………………………………………55
(2)　アメリカ公会計概念フレームワークにおける「成果」の測定観 …………………………………………………………56
4．2　CBAに基づくアウトカム測定の理論 ………………………57
(1)　CBA理論における「便益」測定の概要 ……………………58
(2)　生産者余剰に包含される政府支出の価額 ……………………59
4．3　政府支出額（インプット）と成果（アウトカム）の理論的関係 ……………………………………………………60
(1)　便益増加額が政府投資額を上回るケース ……………………61
(2)　便益増加額が政府投資額を下回るケース ……………………62
4．4　目標仮説の設定 …………………………………………………63

3

5 おわりに（設定された目標仮説） ……………………………… 64

第4章 期間衡平性査定の「目的」を達成する政策評価システムの「コスト情報」 …… 67

1 はじめに（考察の目的） ………………………………………… 67
2 期間衡平性の意義と査定に要する情報 ………………………… 68
　2.1 「説明責任」と「期間衡平性」の概念 ……………………… 68
　2.2 「期間衡平性」の査定に要する表示情報 …………………… 69
3 わが国公会計における「行政コスト計算書」の表示項目 …… 71
　3.1 総務省「行政コスト計算書」の表示項目 …………………… 71
　　(1) 「調査研究会」が規定する行政コスト表示項目 …………… 71
　　(2) 「制度研究会」および「実務研究会」の発足と報告書の公表 … 73
　　(3) 「実務研究会」が規定する表示項目 ………………………… 73
　　(4) 計算書間の連携構造に基づく行政コスト計算書の表示内容 …… 76
　3.2 東京都「行政コスト計算書」の表示項目 …………………… 76
　3.3 期間衡平性を査定するコスト情報の措定 …………………… 77
4 期間衡平性を査定する政策評価のコスト表示項目 …………… 79
　4.1 「事務事業」の期間衡平性査定を達成する表示項目 ……… 79
　　(1) 退職給付費用 ………………………………………………… 79
　　(2) 当期収支差額 ………………………………………………… 81
　4.2 期間衡平性を査定するコスト情報の事例 …………………… 81
5 おわりに（考察で措定された表示項目） ……………………… 83

第5章 期間衡平性査定の「目的」を達成する政策評価システムの「負債変動情報」······87

1 はじめに（考察の目的）······87
2 政府全体／純資産変動計算書における表示項目······88
  2.1 政府全体／純資産変動計算書の表示項目······88
    (1) 発生形態による区分表示······89
    (2) 純資産増減原因による区分表示······90
    (3) 公債発行による財源調達価額の峻別表示······90
  2.2 純資産変動計算書の計算構造······91
3 政府活動の業績評価における純資産変動計算書の機能······94
  3.1 政策の役割とその表示······94
  3.2 三つの財政活動に対する純資産変動計算書の査定機能······95
4 政策評価システムにおける負債変動情報の機能······98
  4.1 三つの財政活動に対する負債変動情報の査定機能······98
  4.2 政策評価システムにおける純資産変動価額表示の事例······100
5 おわりに（考察で措定された表示項目）······101

第6章 公共事業の費用便益分析による「アウトカム」の業績測定······103

1 はじめに（考察の目的）······103
2 「費用便益分析マニュアル」に基づく公共事業の便益測定······104
  2.1 「費用便益分析マニュアル」の形成経緯······105
  2.2 「費用便益分析マニュアル」における便益の測定プロセス···105
    (1) 「走行時間短縮便益」の測定······106

(2)「走行経費減少便益」の測定 …………………………… 106
　　(3)「交通事故減少便益」の測定 …………………………… 107
　　(4)「費用」の測定と「純便益」の算出 …………………… 107
　2.3　事業評価実務への費用便益分析の適用 ………………… 108
3　費用便益分析マニュアルに内包される便益測定の理論 …… 109
　3.1　消費者余剰アプローチによる便益の測定 ……………… 109
　3.2　費用便益分析マニュアルのアプローチによる便益の測定 … 111
4　費用便益分析とベンチマーキングの相違点 ………………… 113
　4.1　ベンチマーキングと費用便益分析のアウトカム測定
　　　　プロセスの相違点 ………………………………………… 114
　　(1)　ベンチマーキングによるアウトカム測定プロセス…… 114
　　(2)　費用便益分析によるアウトカム測定プロセス………… 115
　4.2　事務事業評価への適合性比較 …………………………… 117
5　おわりに（考察の結論）……………………………………… 118

第7章　事務事業のアウトカム測定における「費用便益分析」の適用考察 …………… 121

1　はじめに（考察の目的）……………………………………… 121
2　事務事業のアウトカムを貨幣測定する意義と制約 ………… 122
　2.1　事務事業のアウトカムを貨幣測定する意義 …………… 122
　2.2　貨幣価額によるアウトカム測定の制約事項 …………… 123
3　「事務事業」のアウトカム測定における「費用便益分析」
　　の適用 ………………………………………………………… 124
　3.1　「費用便益分析」理論に基づく便益の測定 …………… 125
　3.2　「事務事業」の便益測定への費用便益分析の適用 …… 127
　　(1)　便益要素の設定……………………………………………… 127

(2)	「原単位」の設定による便益測定 ……………………………………	128
(3)	費用節減便益の測定……………………………………………………	129

3.3　費用便益分析による「事務事業」便益測定の可否…………… 130

4　おわりに（考察の結論）………………………………………… 132

結　章　研究の総括 …………………………………………… 135

参 考 文 献………………………………………………………………… 147

序章

本研究の目的と方法

1．研究の意義

　本研究は，わが国の政府（主に地方政府）が執行する政策に対する評価，すなわち「政策評価」[1]における，論点抽出，論点考察，結論導出と，これによる制度設計への提言を主たる目的とする。

　平成25年時点において，わが国の中央および地方政府が抱える債務残高は，概算で約1,200兆円にのぼる。長期に渡る景気の低迷で税収等の歳入が落ち込むなか，少子高齢化の加速により歳出が増加の一途をたどり，財源確保が困難な状況であることは周知のとおりである。このため，有効度の高い政策の選択と予算設定のための情報提供を目途とする「政策評価」の重要度が増し，わが国でも当該研究と実践が進んでいる。

　こうした状況下では，各政府機関（中央省庁および地方政府）が執行する政策（公共事業および事務事業）の順序付けを行い，さらに取捨選択を行う必要がある。予算措置が講じられる（もしくはその予定である）すべての政策について，事前・中間・事後の各時点で評価を実施し，住民を中心とする受益者にとって必要不可欠な政策，有効度の高い政策のみを選定しなければならない。

　現在（平成25年），わが国の中央府省および特定規模以上の地方政府において，「政策評価」が制度化され，実務が執行されている（以下，政策評価の執行において措定されている制度，組織および実施形態を「政策評価システム」と記す場合がある）。政策評価について総務省［2001］は，「自らその政策の効果を把握・分析

し，評価を行うことにより，次の企画立案や実施に役立てるもの」と規定する[2]。政府が政策評価を行う目的としては，①意思決定の材料となること，②資源配分の最適化・効率化を図るためになること，③「説明責任」を履行するためになること，などが想定されている[3]。

この規定のなかでは特に，「自らその政策の効果を把握・分析し，評価を行う」ことに着目する必要がある。「自ら」が評価を行う場合には，恣意的となることを回避するために，何らかの法規制に基づく第三者の検証を踏まえる必要がある。しかし，現行の政策評価システムには，企業会計における監査役や会計監査人に相当する制度・機関が存在しない。したがって，評価結果が公正妥当であることを客観的に立証するための実務措置を講じることが，喫緊の課題と考えられる。

そこで本研究は，「政策評価」の今日的な重要性に鑑み，当該制度および実務への提言を企画するものであり，より具体的には，評価に要する測定・表示項目の措定を目途とする。そのため，二つの観点（「目的論的関連」および「因果関連」の観点，詳細は2.1）に基づいて予め問題点を抽出し，当該問題点を解決する目標仮説を設定し，規範演繹的研究（詳細は2.2）を行うことで，測定・表示項目の措定を図っていく。

2．研究の方法

以上のように，本研究では，わが国地方政府が実施する「政策評価」に対し，問題点抽出，目標仮説設定，および規範演繹的考察が進められる。即ち，現行制度および実務の問題点を抽出したうえで，規範演繹的考察によって，新たな制度の設計および実務への反映を提言しようとするものである。ここでは，「問題点抽出」と，「規範演繹的考察」のそれぞれについて，具体的な方法を説明する。

2.1 「問題点抽出」の方法

我々が生きる社会の制度設計に対して特定の示唆・視点を提供する概念につき,藤井秀樹教授の論考において,「目的論的関連」および「因果関連」の存在が指摘されている[4]。即ち,当該概念に基づいて提示される示唆・視点によって,制度設計における問題提起,したがって問題点抽出が可能となる。以下では,二つの概念それぞれについて説明し,政策評価の制度設計において,如何にこれらを援用して論点抽出が行われるかを説明する。

(1) 目的論的関連の観点からの問題点抽出

目的論的関連とは,目的を設定しその目的を達成するための手段を選択する「目的−手段の関係」をいう[5]。「目的」の設定はつねに何らかの「必要性」に基づいて行われるので,制度設計において当該概念の援用は「必要性の視点」を提供するものとなる[6]。即ち,「目的」および「手段」の定式化の淵源となった「必要性」が何であるかを探り当て,当該欠如点を明確にし,しかるのちに制度設計が行われることになる。

藤井［2010］によれば,会計を構成している基礎概念やルールがすべて人間行為の所産であることから,その制度設計が各人間行為の「目的」に依存したものとなり,したがって目的論的関連の観点から設計を検討することが可能となる[7]。そして当該論考では,制度設計における,企業会計・財務報告の主目的の定式化が,利害調整（受託財産の保全と処分可能利益の計算）と情報提供（意思決定情報の提供）のいずれを選択するかという問題提起を通じて実施されると結論付ける[8]。即ち,「財務報告目的の定式化において,利害調整と情報提供の二つの目的が存在すること」が問題点として抽出されるのである。

具体的な会計制度設計の定式化について,国際会計基準（IAS／IFRS）や日本の企業会計基準においては,事前に定式化された「財務報告の目的」（IASC［1989］；ASBJ［2006］）に沿ってその設定作業が進められている[9]。先行して定式化された何らかの基準に基づいて「目的」の定式化作業が行われ,その過程において二つの「目的」の存在が問題点として顕在化するのである。つまり,

目的論的関連の観点（必要性の視点）からの「目的」定式化プロセスにおいて，当該問題点が提起・抽出されたことになる。

そこで，政策評価システムの新たな制度設計においても，以上のような視点を参酌し，事前に定式化された「目的」に沿って基準設定作業を進める過程において生じた問題点の抽出が可能と考えられる。具体的に，住民などに提供されるサービスを業績測定することの「目的」については，すでにアメリカ政府会計基準審議会（Governmental Accounting Standards Board：以下，GASB）が公表する概念書において明らかにされている。わが国でも，「行政機関が行う政策の評価に関する法律（平成13年）」，「政策評価に関する基本方針（平成13年）」，および各地方政府が定める規定等において，政策評価の定式化が行われている。

本研究では，アメリカのGASB概念書およびわが国政府の規制（中央および地方政府）で定式化されている政策評価の「目的」を検証しつつ，当該定式化プロセスに内在する問題点を抽出していく。

また，目的論的関連とは「目的を設定し手段を選択するという関係」の概念であることから，「手段」として想定されるのは，政策評価システムで規定されかつ実際に測定される表示項目である。そこで，これまでにGASBおよびわが国政府が設定した，「手段」としての表示項目の検証を通じて，問題点の抽出を図っていく。

(2) 因果関連の観点からの論点抽出

因果関連とは，ある原因によって特定の結果がもたらされた過程をたどる「原因－結果の関係」をいい，「ある目的の達成を可能（あるいは不可能）にした客観的条件を追跡する概念」[10]である。会計規制機能への当該概念の援用につき，藤井［2010］では，因果関連を構成する諸条件（社会的な広さをもって実務に受容されたもの）を「規制機能の主導要因」として集約できることが示されている。企業会計では，かかる主導要因が，政治規制（法令等を通じた政府の直接規制に依拠して会計機能の発現を図る）と市場規律（市場メカニズムに依拠して会計機能の発現を図る）に峻別される[11]。そして当該峻別に起因して，「規制機能

の主導要因として政府規制と市場規律のいずれを想定するべきか」という問題が提起される[12]。

　本研究では，こうした企業会計に対する因果関連の観点からの問題提起論理を援用し，政策評価の制度設計における問題の抽出・提起が行われる。藤井［2010］で示された「規制機能の主導要因」に着目すると，政策評価システムでは市場メカニズムに依拠した市場規律は存在せず，政府規制のみが，現行のシステムを支える主導要因となる。このような因果関連の状況において提起される問題とは，「規制機能の主導要因が政府規制のみの一方向である場合に生じる問題」であると考えられる。

　そこで論考においては，現行の政策評価システムにおける業績測定および業績評価の状況について概観したうえで（第１章），法令等の直接規制に依拠して政策評価機能の発現を図る場合に生じる問題点について明らかにするものである（第２章）。

2.2　問題点考察による「結論導出」の方法

　以上により，目的論的関連および因果関連の概念を援用した，制度設計における問題提起・問題点抽出の方法が説明された。本研究ではこれに続いて，当該問題点の理論的考察によって，適切な結論，即ちあるべき政策評価の方法が導出される。即ちこれは，問題提起・抽出および当該考察による結論導出によって，政策評価に対する，新たな制度設計と実務定着の指針提供を試みるものといえる。

　このような，問題点の理論的考察と結論導出については，徳賀芳弘教授によって，具体的な研究方法が提示されている。会計研究において，問題点の考察には「当為（いかにあるべきか）」と当該根拠の提示が重視される。そのうえで，①設定した目標仮説から経験に頼らず演繹的な推論のみで論理的に必然的な結論に到達しようとする「規範演繹的研究」と，②目標仮説と帰納的に観察された事実との乖離の大きさを指摘してその解決策を提示する「規範帰納的研究」とに研究方法が類別される[13]。

本研究の考察対象である「政策評価」においても，問題点考察を進めるうえで拠り所となる研究方法を予め設定する必要がある。実施される政策のなかで，社会資本整備のための「公共事業」に対する評価については，「費用便益分析」の理論に基づく受益者便益の測定・表示が行われている（第6・7章にて詳述）。他方，各行政部門の「事務事業」に対する業績評価については，経費等の財務情報（目標管理情報を含む）が主たる測定・表示項目である。そこで本研究では，費用便益分析理論，および財務情報の測定理論である会計理論を援用した演繹的推論により，問題点考察と結論導出を行うこととする[14]。即ち，抽出された政策評価システムの問題点に対し，「規範演繹的研究」の手法に基づいて，当該解決のための目標仮説（当為）を設定し，費用便益分析および会計の理論を援用した演繹的推論によって必然的な結論を導出していくものである。

3．本研究の構成

　そこで，以上に述べたとおりに，本研究の全体の流れ即ち構成を示すと，右の図表序.1のように表すことができる。

　図のとおり本研究の構成は，現行政策評価システムにおける評価プロセスと評価基準を明らかにし，システムに内在する問題点を抽出し（目的論的関連および因果関連の観点よる），これに対する目標仮説を設定して規範演繹的考察を行い，具体的な導出結論として，評価に要する財務および便益項目を措定するものである。

　第1章は，政策評価の先行研究，および政府が規制する業績評価の制度・実務についてサーベイし，現行システムの到達点を明らかにする。まず，政策評価プロセスの概要と評価基準を示し，どのような手順・方法で評価が進められ，具体的な評価基準が如何なるものであるかを明らかにする。また，政策評価と予算編成の関係についても説明される。次に，政府会計概念書で規定された表示項目を示し，政策評価において測定・表示される情報が如何なるものかを把握する。さらに，わが国地方政府における政策評価システムの表示項目事例を

序章　本研究の目的と方法

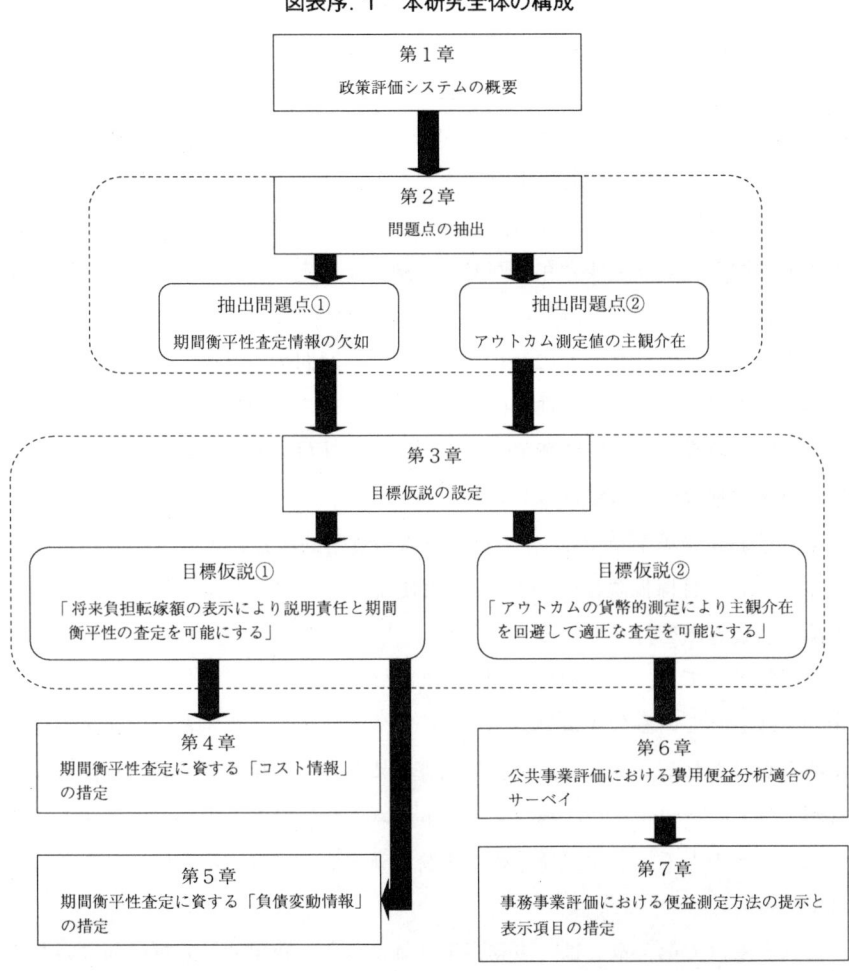

図表序.1　本研究全体の構成

明らかにする。これらの概観によって，政府規制・通達に基づいて実施される政策評価の実態が把握されて，問題点（内在論点）の抽出が可能となる。

続く第2章では，制度設計に対し示唆・視点を提供する概念である「目的論的関連」および「因果関連」の観点に基づき，内在する問題点の抽出を行っている。一般に，政府により規制・定式化された「目的」に沿って基準設定が進められるが，当該プロセスにおいて顕在化する問題点がここで抽出される。そ

して，これらを統合・分類することで，「期間衡平性査定情報の欠如」と「アウトカム測定値の主観介在」の2点が抽出問題点として設定されている。

これを受けて第3章は，抽出問題点に対して，目標仮説（当為）が設定される。まず，「期間衡平性査定情報の欠如」の問題点に対し，「将来負担転嫁額の表示により説明責任と期間衡平性の査定を可能にする」という目標仮説が設定される。次に，「アウトカム測定値の主観介在」の問題点に対し，「アウトカムの貨幣的測定により主観介在を回避して適正な査定を可能にする」という目標仮説が設定される。

そして1点目の目標仮説に対し，第4章で，期間衡平性査定に資する「コスト情報」の措定を，演繹的推論によって行っている。次に，2点目の目標仮説に対して，第5章で，期間衡平性査定に資する「負債変動情報」の措定を，同様に演繹的推論によって行っている。

第6章および第7章では，「アウトカムの貨幣的測定により主観介在を回避する」という目標仮説について，「費用便益分析」理論を援用しつつ，演繹的推論と結論導出を行っている。

まず第6章では，「費用便益分析」理論が適用されてアウトカムの貨幣的測定が実践されている公共事業評価について，当該規制・規定と，内在する理論が明らかにされる。そして，事務事業評価において適用されている目標達成度管理（ベンチマーキング）に基づくアウトカム測定につき，内在する問題点が示される。その上で，費用便益分析が事務事業評価に適合する点について考察されている。

これを受けて第7章では，事務事業評価につき，費用便益分析に基づいた貨幣価額によるアウトカム測定が可能であるかを演繹的推論によって考察している。そして，便益測定方法の提示と，表示項目の措定が行われている。

以上のような本研究のプロセスを通じて，説明責任と期間衡平性査定のための表示項目を措定すること，および測定において主観介在を回避するためアウトカムを貨幣価額で測定することについて規範演繹的に考察され，結論が導出される。

（注）

(1) 「政策評価」について，狭義には「政策－施策－事業」という行政活動階層における「政策」の評価を指すが，一般には，予算の効率的配分を行う「プログラム評価」や，執行機関の立場から経済性・効率性・有効性を検証する「業績評価」など，発展過程が異なる諸システムの総称を含意するものと解されている。この点は，中井［2005］，6－10頁参照。
(2) 総務省［2001］，1頁。
(3) 中井［2005］，4頁。
(4) M.Werberは，目的論的関連（「目的－手段」の関係）が，人間諸個人を行動にまで押し動かす一つの原因とみて，それを客観的な歴史の因果関連のなかに移しかえ，因果性の範疇を用いて社会現象を対象的にとらえていくことが，社会科学の方法と考えている（大塚［1981］，42頁）。
(5) 同上書，39頁。
(6) 藤井［2010］，24頁。
(7) 同上稿，24－25頁。
(8) 今日の基準設定においては，「情報提供」，即ち意思決定情報の提供を財務報告の目的とするのが潮流である（同上稿，25頁）。
(9) 同上稿，25頁。
(10) 同上稿，24頁。
(11) ただし，今日のグローバルな基準設定においては，市場規律主導型会計規制を想定したルール形成を行うのが潮流である（藤井［2007］，201－204頁）。
(12) 藤井［2010］，25頁。
(13) そして規範演繹的研究であれば演繹的推論の精度が高いこと，規範帰納的研究であれば事実の観察に科学性を具備していること，が必要である（徳賀［2012a］，1頁）。
(14) 演繹的研究は，特定の理論から経験に頼らず演繹的な推論に基づいて必然的な結論に到達しようとするものである（徳賀［2012b］，161頁）。本研究では費用便益分析理論，および通説的企業会計理論に基づいた，演繹的研究が行われている。

【参考文献】

IASC［1989］，*Framework for the Preparation and Presentation of Financial Statements*，IASC.
ASBJ［2006］，企業会計基準委員会『財務会計の概念フレームワーク』討議資料。
大塚久雄［1981］『社会科学の方法』岩波新書。
中井達［2005］『政策評価』ミネルヴァ書房。
総務省［2001］「地方公共団体の総合的な財政分析に関する調査研究会報告書」。
徳賀芳弘［2012a］「規範的会計研究の方法と貢献」日本会計研究学会第71回全国大会統一論題報告資料。
――――［2012b］「会計基準における混合会計モデルの検討」『金融研究』2012.7。
藤井秀樹［2007］『制度変化の会計学―会計基準のコンバージェンスを見すえて―』中

央経済社。
────[2010]「非営利法人における会計基準統一化の可能性」『非営利法人研究学会誌』第12号。

第1章

政策評価システムにおける「業績測定」と「業績評価」

1．はじめに（考察の目的）

　本研究全体の目的は，序章で述べたとおり，地方政府の規制・規定に基づき実施されている政策評価において，業績測定および業績評価に内在する問題点を抽出し，当該解決のための目標仮説（当為）を設定し，演繹的推論で必然的な結論を導出しようとするものである。すなわち「規範演繹的研究」が前提とされる。

　そして序章で示されたとおり，「目的論的関連」および「因果関連」の概念に基づき提示される示唆・視点が，制度設計における問題提起，したがって問題点抽出を可能とする。目的論的関連の観点からは，現行の政策評価システムにおいて，業績査定に必要な情報提供が達成されているかの観点から問題抽出を行うことができる。他方，因果関連の観点からは，政府規制，即ち法令等を通じた政府の直接規制のみに依拠して政策評価機能の発現を図る場合に生じる問題点を抽出することになる。

　こうした問題点抽出のためには，まず政府規制に基づく現行システムにおいて，業績査定の基礎となる情報が如何なるものであるかを明らかにしておく必要がある。そして，測定・表示される情報が把握されれば「目的論的関連」の観点から問題点抽出ができるし，現行システムの規制・規定の特質が明らかになれば「因果関連」の観点から問題点抽出が可能となる（当該抽出は第2章で行

う）。

　そこで本章の構成は，政府規制，政府通達，政府会計概念書等の記述に基づきながら，まず第2節で，政策評価システムの概要と評価基準，システムの体系，評価の時点，および情報の利用者について説明する。これにより，どのような手順・方法で政策評価が進められ，評価基準が如何なるものであるかの全体像が明らかになる。次に第3節で，自治体予算制度と行政評価システムとの関係を概観したうえで，評価結果を予算編成に反映する仕組みとしての「フィードバック」について説明する。これにより，予算制度と連携する政策評価の機能が理解される。そして第4節で，アメリカ政府会計基準審議会（Governmental Accounting Standards Board：以下，GASB）の政府会計概念書で規定された表示項目を概観する。これにより，政策評価において測定・表示される情報の全体像が把握される。最後に第5節において，わが国地方政府における政策評価システムの現況が明らかにされる。

　以上のような政策評価システムの概観により，政府規制・通達に基づいて実施される政策評価の実態を把握することで，その後における問題点（内在論点）の抽出が可能となる。

2．政策評価システムの概要

　このように，本章の目的は，測定・表示される情報を明らかにして以後における「目的論的関連観点からの問題点抽出」を可能とし，現行政策評価システムの規制・規定の特質を明らかにして以後における「因果関連観点からの問題点抽出」を行うことにある。本節では，評価の対象となる政策の実施プロセスと，これに対する評価基準について概観する。

2.1　政策評価における「業績評価」

　わが国の中央府省，および特定規模以上の地方自治体では，「政策評価」のシステムが規制・制度化されている（第5節で現況を説明）。政府が政策評価を

第1章 政策評価システムにおける「業績測定」と「業績評価」

行う目的として，①意思決定の材料となること，②資源配分の最適化・効率化を図るためになること，③「説明責任」を履行するためになること，などが想定される[1]。資源配分の最適化・効率化を達成するための意思決定を行い，かつ説明責任を全うするためには，政策のプロセスを"Plan–Do–Check–Action–Plan…"というマネジメント・サイクルに当てはめて区分するのが一般的である。

そして，政策評価のプロセスについて先行研究を見ると，最初に「目標」（Objectives）が設定され，これを達成するための活動に要する経営資源が「投入」（Inputs, 以下インプット）されて「活動」（Activities）が展開され，住民に材・サービスが「提供」（Outputs, 以下アウトプット）されて「効果」（Outcomes, 以下アウトカム）が発現する[2]。

そこで，政策プロセス（目標設定−投入−活動−提供−効果発現）を"Plan–Do–Check–Action–Plan…"のマネジメント・サイクルに当てはめると，"Plan"が「目標設定」のプロセス，"Do"が「投入」・「活動」・「提供」の実施プロセス，"Check"が発現した「効果」である業績の測定・評価プロセスとなる。そして"Action"は，業績の測定・評価に基づく次期予算編成へのフィードバック業務である（図表1.1）[3]。

ただし"Check"プロセスにおける業績の測定・評価については，インプッ

図表1.1　マネジメント・サイクルの政策プロセスへの当てはめ

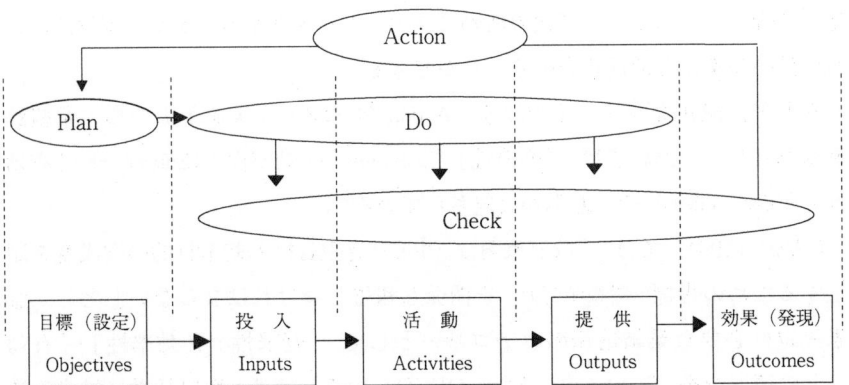

ト，アウトプットを含めるのが通説である[4]。GAO［2005］の規定では，「業績測定」(Performance Measurement) について，①実施された活動（プロセス），②提供された財およびサービス（アウトプット），③財およびサービス提供の成果（アウトカム）の業績を測定対象としている。したがって，図表1．1で示されたとおり，"Check"のプロセスには，発現した「効果」であるアウトカムのみならず，インプットおよびアウトプットの測定を包括するものとなる。

　こうして，インプット，アウトプット，およびアウトカムの「業績測定」に基づいた「業績評価」(Performance Evaluation) が行われ，当該結果のフィードバックが行われて，新たな「目標」が設定される。

2.2 「業績評価」の三つの基準

　以上のようにして，政府の業務におけるインプット，アウトプット，アウトカムの測定・評価と，フィードバックのプロセスが，マネジメント・サイクル (Plan‐Do‐Check‐Action…) と合致することになる。そして，当該サイクルに当てはめる実質的な意義（機能）は，フィードバック概念の実務への適用によって，次期の「目標」設定を行うことである。

　そこで，次期の「目標」を設定するために，投入プロセス（インプット），活動により生じる提供プロセス（アウトプット），提供により生じる成果発現プロセス（アウトカム）の「業績測定」および「業績評価」を行う必要がある。測定・評価の結果に基づいて次の活動にフィードバックすることで，継続的に行政活動の効率化と活性化を図ることができる[5]。

　そして，適正なフィードバック (Actionプロセス) を実施するための業績評価基準として，通説では，「経済性」(Economy)・「効率性」(Efficiency)・「有効性」(Effectiveness) の3基準が設定されている[6]。

　GASB［1994］では，「政府機関は（中略）究極目標と基本目的の達成度を測定するための指標（業績測定値）を開発し報告しなければならない」とし，意思決定に必要な業績情報のカテゴリーとして，「経済性」・「効率性」・「有効性」の情報を挙げている[7]。また，OECD［1997］では，政府活動に対する業

第1章 政策評価システムにおける「業績測定」と「業績評価」

績改善のインセンティブは何かについて考察され,これは,「経済性」・「効率性」・「有効性」を高めることにあると結論付けている[8]。各基準の内容につき,先行研究をまとめると図表1.2のようになる。

図表1.2 先行研究における「業績評価」の評価基準とその内容

評価基準	GASB [1994]	Sheldon [1996]	大住 [2002]	中井 [2005]
経済性 (Economy)	・最小の合理的なコストで適切な質と量の資源を調達することに関するもの。	・得られた財・サービスのコスト。	・アウトプットを一定としてインプットの最小化を図ること。	・求められるアウトプットに対しいかにインプットを抑えるか。
効率性 (Efficiency)	・最小のコスト,最小の資源インプットで最大のアウトプットをあげることに関するもの。	・希少資源の最適な調整。	・インプットを一定としてアウトプットの最大化を図ること。	・与えられたインプットのもとでいかにアウトプットを大きくするか。
有効性 (Effectiveness)	・ある特定の活動・事業に関する事前に定められた究極目標と基本目的がどの程度達成されたかを測定するもの。	・目標の達成の度合。	・アウトプットを通じてアウトカムを達成すること。	・到達したアウトプットが求められているアウトカムまたは目標に達しているか。

出所:GASB [1994], par.16, Sheldon [1996], p.9, 大住 [2002], 53-54頁, 中井 [2005], 191頁。

表を総括すると,「経済性」はインプット(投入業務)により生じるコストをできるだけ少なくすること,「効率性」はアウトプット(提供業務)につき既定のインプットを前提としてできるだけ大きくすること,「有効性」はアウトプットがもたらすアウトカム(効果発現)が設定目標を達成していること,がその内容である。したがって,政府活動の「業績評価」は,以下のようにして達成されることになる。

① 設定「目標」に基づく,「投入」業務(インプット)における,コストの最小化を図る「経済性」を,評価すること。

② 「投入」業務に基づく,「提供」業務(アウトプット)における,資源提供の最大化を図る「効率性」を,評価すること。
③ 「提供」業務がもたらす,「効果」発現(アウトカム)に対し,設定「目標」の達成度合である「有効性」を,評価すること。

したがって,マネジメント・サイクル(Plan-Do-Check-Action…)に当てはめた政策評価プロセスにおいては,インプット(投入業務)で「経済性」,アウトプット(提供業務)で「効率性」,アウトカム(効果発現)で「有効性」の業績評価が実施されることになる。そして"Check"プロセスでは,「経済性」・「効率性」・「有効性」の業績測定と業績評価が,投入業務・提供業務とそれによる効果発現に対して実施され,トータルの結果がフィードバックされて(Actionプロセス),次期目標設定の意思決定が行われる。

2.3 政策評価の対象範囲
(1) 政策評価システムの体系

わが国中央政府における「政策評価に関する標準的ガイドライン」(平成13年1月15日,政策評価各府省連絡会議了承)では,政策評価の対象範囲として,「政策(狭義)」,「施策」,「事務事業」の三区分を設定する。政策(狭義)は,「特定の行政課題に対応するための基本的な方針の実現を目的とする行政活動の大きなまとまり」,施策は「『基本的な方針』に基づく具体的な方針の実現を目的とする行政活動のまとまりであり,政策(狭義)を実現するための具体的な方策や対策ととらえられるもの」,事務事業は「『具体的な方策や対策』を具現化するための個々の行政手段としての事務及び事業であり,行政活動の基礎的な単位となるもの」とされる。そして,「政策(狭義)」,「施策」および「事務事業」は一般に,相互に目的と手段の関係を保ちながら,全体として一つの体系を形成している。

また,わが国地方政府においても同様に,業績評価の単位は「政策」・「施策」・「事務事業」の階層構造になっている[9]。即ち,一つの「政策」に複数の

第1章　政策評価システムにおける「業績測定」と「業績評価」

「施策」が設定され，一つの「施策」に複数の「事務事業」が存在する。東［2001］によれば，政策（狭義）は「特定の行政課題に対応するための基本的な方針（例えば道路交通の円滑化の推進）」，施策は「基本的な方針を実現するための具体的な方策・対策（例えば高速道路の渋滞の解消など）」，事務事業は「具体的な方策・対策を具現化するための個々の行政手段（例えば首都高速道路の拡幅など）」と説明される[10]。

(2) 政策評価の時点

次に，上掲「政策評価に関する標準的ガイドライン」において，評価に「事前」・「事中」・「事後」の三時点が設定されている。それぞれの意義は，次のとおりである。

① 事前評価

政策の実施前の時点における評価については，政策の採択や実施の可否を検討したり，複数の政策代替案の中から適切な政策を選択するうえで有用な情報を提供したりできる。

② 事中評価

ある程度継続する政策の実施途上における評価については，政策の進捗状況や達成状況を把握することによって政策の的確・着実な実施の推進のための情報や，社会経済情勢の変化を踏まえた改善・見直しのための判断情報を提供できる。

③ 事後評価

政策を一定期間実施した後や政策の実施の終了後の時点における評価については，政策の効果に関し，実際の情報・データなどを用いて実証的に評価を行うことができる。政策の改善・見直しや新たな政策の企画立案およびそれに基づく実施に反映させるための情報を提供できる[11]。

以上に示した政策評価の時点につき，公共事業においては，投資の金額が大きく，影響が長期に及ぶため，事前評価が特に必要となる。これに対し事務事

業は，年度予算に基づく支出が前提となるため，事後評価が重視される。

2.4 「業績評価」情報の利用者

政策評価の情報利用者についてGASB［1994］は，「業績を査定し判断をくだしたうえで何らかの措置をとる権力または権限を持っている第三者」(par.19) とし，市民を第一義としたすべての情報利用者とその意思決定事項対象を示している（図表1.3）。

図表1.3　GASBが提唱するSEA報告の情報利用者と意思決定事項

情報利用者	意思決定事項
市民（一般）	・議員選出や投票 ・議員や政府職員の説明責任と業績の査定 ・政府機関が課す税金やその他料金水準の評価と必要ならば如何に行動を起こすかの決定
市民（需用者として）	・提供サービスを利用するか，いつ利用するか ・提供サービスの量と質の評価 ・どのサービスの変更を要求するか
投資者・与信者	・政府機関に融資するか ・政府機関に財またはサービスを提供するか ・提供資金・財・サービスの対価の設定
議　　員 公選・任命職員	・法律の制定 ・政府職員の説明責任と業績の査定 ・政府提供サービスの選択 ・資源配分 ・税率や利用料金の設定 ・サービスの優先順位の決定 ・公衆のニーズがサービスによってどの程度満たされているか ・起債を含めた資金調達方法の選択 ・サービスの業績を改善または修正する方法の決定

出所：GASB［1994］par.15をまとめて作成。

また，アメリカ連邦会計基準諮問審議会（Federal Accounting Standards Advisory Board：以下，FASAB）では，財務報告（ここでは政府全体）の利用者として，市民，議会，行政官，プログラム管理者（政策担当者）を挙げている[12]。

3. 予算制度と政策評価との関係

　以上により，行政評価システムの概要が明らかになったため，次には，システムと予算編成との関係（連携）について把握する。一般に，地方自治の目的の一つは「住民の福祉増進」にあるといわれ，当該目的に必要な事業経費の見積りが予算編成であると考えられている[13]。そして，予算編成で財源確保された事業の事後評価および次期予算編成へのフィードバック過程が，行政評価システムの眼目となる[14]。ここでは，地方政府における予算制度と行政評価システムの関係を概観したうえで，評価結果を予算編成に反映する仕組みとしての「フィードバック」について説明する。

3.1　予算制度と政策評価の関係

　一般に，地方自治法において予算という場合には，「歳入歳出予算」を意味し，首長が一定形式で調製・調整したうえで，議会への提出・承認を経て成立する。このうち「歳入予算」の地方税・地方交付税・国庫支出金・地方債，および「歳出予算」の議会費・総務費・民生費が，それぞれ「款」として区分され，さらに「項」・「目」へと細分化される。また多くの自治体では，「目」を構成する細目を「事業」と位置付けた事業別予算制度を採用し，事業単位に予算要求・予算執行・決算を行う[15]。

　即ちこれは，行政執行の成果を評価するために，基本単位である「事業」に対し，予算と成果を比較する仕組みである。アメリカ公認会計士協会（AICPA）は政府予算について，「特定期間に対する提示された支出額と，それらに資金調達する手段の見積りを具体化する財務活動の計画」と定義する[16]。そして当該計画のなかで，単年度の計画を現実に決定する作業が予算編成である[17]。

　このように，予算執行の管理単位が「事業」であることに起因して，行政評価が，「事業」を管理単位として実施されることになる。そこで，行政評価システムに対しては，「事業」単位に執行された予算を評価する機能が要求され，

さらに予算要求のために評価結果をフィードバックする制度・組織が必要とされる。

以上で説明された，予算制度と政策評価との関係を図示すると，図表1.4のようになる。

図表1.4　予算編成と行政評価の関係

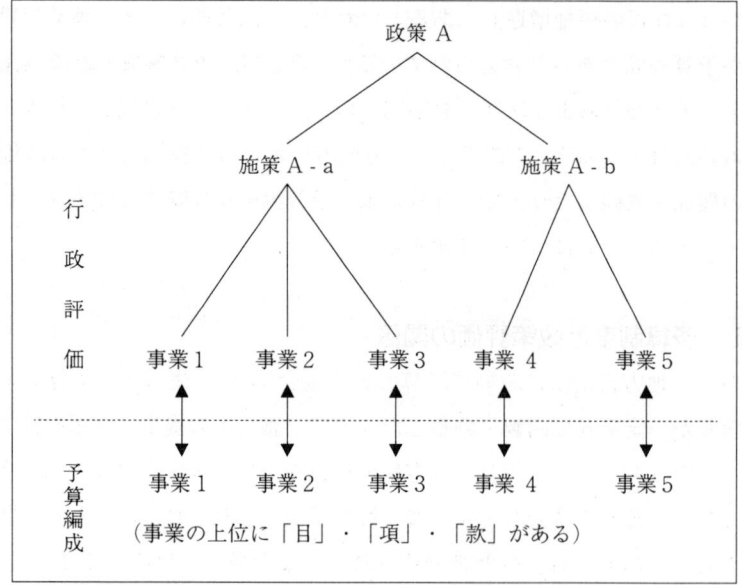

出所：宮本［2003］，94頁。

3.2　事後評価のフィードバック

地方政府における政策評価の，予算へのフィードバックについて，FASABの概念書では，業績測定報告書において予算に関する測定値を含むのが有用であるとし[18]，予算管理者は，業績測定のシステムから主に情報を得るべきと考える[19]。つまり，予算に対する業績が報告され，当該報告に基づいて予算を編成すべきとされる。また，GASB［1987］においても，予算と成果を比較して資源が予定どおり支出されたか評価し[20]，評価結果は次期予算に反映されるべきとする[21]。

したがって，FASABおよびGASBはともに，編成後の予算に対し政策評価システムにおいて業績を評価し，その結果が次期予算にフィードバックされるべきと考えている[22]。こうした業務の流れは，図表１．１で示されたマネジメント・サイクルのプロセスと合致するものとなっている。

4．政策評価システムで表示される「業績測定」値

以上により，政策評価システムの概要，および予算との関係が示され，その全体像が把握された。そこで本節では，政策評価システムにおいて表示される「業績測定」値が如何なるものであるかを示す。具体的には，GASBの概念書において規定された，「サービス提供の努力と成果の報告」(Service Efforts and Accomplishments reporting：以下，ＳＥＡ報告）で表示される「業績測定」値について整理してまとめる。

4．1　アメリカ政府会計概念書が規定する「ＳＥＡ報告」の概要

GASB概念書第２号（以下，GASB [1994]）は，政府機関がサービスを提供するためになされた「努力」および得られた「成果」の報告を如何に表示すべきかが示されたものである。ここでは，貸借対照表や損益計算書によって提供できない業績の情報開示をＳＥＡ報告の基本目的の一つとし（par.63），当該情報の把握によって，政府の経済性・効率性・有効性を情報利用者（市民，投資者・与信者・議員）が査定するのに役立つと規定される（par. 4）。

SEA報告のための測定値としては，①サービス提供の努力の測定値（サービス提供のために用いられる貨幣や物量などによって表された資源の総計），②サービス提供の成果の測定値（利用された資源によって何が提供され達成されたかを報告するもの），③努力と成果を関連づける測定値，が挙げられている（par.50）。

より具体的には，①の努力の測定値を「インプットの測定値」，②の成果の測定値のうち，提供されたサービスの量を測定するものを「アウトプットの測定値」，提供した成果・結果を測定するものを「アウトカムの測定値」と呼ぶ

(par.50)。また③について，アウトプット単位当たりに利用された資源またはコストを「効率性の測定値」，アウトカム単位当たりに利用された資源またはコストを「コスト－アウトカムの測定値」としている（par.50ｃ）。

4.2　GASB／SEA報告における「インプットの測定値」

まず，政策プロセスにおけるインプットの測定値と同義である，サービス提供の「努力の測定値」について，GASB［1994］は，図表1.5の内容を具体例として示している。

図表1.5　GASB／ＳＥＡ報告における「インプットの測定値」

測定値の内容		測定値の具体例
財務情報	支出／費用の財務的測定値	・給与 ・従業員福利厚生費 ・材料費 ・消耗品費 ・設備費
	努力の測定値	・教育に費やされた金額 ・公共交通に費やされた金額 ・道路保守に費やされた金額 ・犯罪捜査に費やされた金額
非財務情報		・職員数 　・常勤職員数，勤務時間数 　・全教員数，学生１人当たりの教員数 　・全道路保守作業員数，道路車線１マイル当たりの道路保守作業員数 ・サービス提供に用いられる設備の量（車両の台数，道路の車線マイル数，公園用地のエーカー数）

出所：GASB［1994］par.50ａから抜粋して作成。

表に示されたとおり，インプットの測定値である「財務情報」は，「支出／費用の財務的測定値」および「努力の測定値」に分類される。これらはいずれも，会計において何らかの予算科目（款・項・目）に含められるべき類いの，貨幣価額に基づく測定値である。

他方,「非財務情報」は,政府の主たる資源である職員・教員・道路保守作業員の投入に関する数量・指標,およびサービス提供のために投入された資源・設備の数量もしくは指標である。

4.3　GASB／SEA報告における「アウトプットの測定値」

次に,アウトプットの測定値として,政策の実施によって提供されたサービス量である「成果の測定値」について,GASB［1994］は,図表1.6の内容を具体例として示している。

図表1.6　GASB／SEA報告における「アウトプットの測定値」

測定値の内容		測定値の具体例
成果の測定値	サービスの提供量	・進級または卒業した学生数 ・補修道路の車線マイル数
	特定の質的要件を満たしたサービスの提供量	・犯罪捜査件数 ・指定水準以上の成績で進級または卒業した学生の割合 ・定時運行の達成基準を満たしたバスの割合 ・ある最低限の満足な状態まで補修された道路の車線マイル数の割合
努力と成果を関連付ける測定値(アウトプットに関するもの)	効率性(アウトプット単位当たりに利用された資源またはコスト)	・学生1人当たりのコスト ・交通機関の乗客1人当たりのコスト ・全面改修または補修された道路の車線マイル数当たりのコスト

出所：GASB［1994］par.50aおよびpar.50bより抜粋して作成。

表に示されたとおり,成果の測定値(アウトプットの測定値)は,「サービスの提供量」および「特定の質的要件を満たしたサービスの提供量」に分類される。これらはいずれも,インプットである支出／費用(人件費・経費など)に基づく活動により提供されたサービスの量,および特定の質的要件を満たすアウトプット(全体に対する当該アウトプットの割合)の測定値である。

また,「努力と成果を関連付ける測定値(アウトプット)」は,提供されたア

ウトプット単位当たりに利用されたコストであり，政策の「効率性」を評価するための測定値である。

4.4 GASB／SEA報告における「アウトカムの測定値」

そして，アウトカムの測定値として，政策の実施によって提供されたサービスの「成果の測定値」について，GASB［1994］は，図表1.7の内容を具体例として示している。

図表1.7　GASB／SEA報告における「アウトカムの測定値」

測定値の内容		測定値の具体例（抜粋）
成果の測定値	特定の質的要件を満たしたサービスの提供量	・読解について一定の習熟度の向上を達成した学生の割合 ・公共交通を利用した人の割合 ・優良，良好，普通の状態にある道路の車線マイル数の割合
	過年度の結果，設定目標，基準・標準，他部門比較して示される測定値	・読解習熟度向上を達成した学生割合の当該地方の目標，他の管轄区の達成度，当該地方の達成度の三つを比較して示される測定値
	需用者・州・地域社会に対するサービスの副次的影響の測定値	・退学者低下による求職者低下による失業者低下 ・公共交通利用者増加による交通事故の減少 ・良好状態にある道路車線マイル数の割合増加による自動車修理費用の減少
努力と成果を関連づける測定値（アウトカムに関するもの）	コスト－アウトカム（アウトカムまたは結果単位当たりに利用された資源・コスト）	・読解について一定習熟度を達成した学生1人当たりのコスト ・予定時刻までに停留所に到着した乗客の1人当たりのコスト ・優良・良好・普通の状態に改修または維持された道路の車線マイル数当たりのコスト

出所：GASB［1994］par.50aおよびpar.50bより抜粋して作成。

表に示されたとおり，アウトカムの測定値は，提供したサービスに起因して発現した「効果」につき，特定の質的要件を満たしたサービス提供量の割合，過年度の結果・設定目標・基準／標準・他部門との比較，により示される。当

該測定値は，政府がサービス提供のために支出した現金等の価額（インプット），活動でもたらされるサービスの提供量（アウトプット）ではなく，割合，達成度，減少量，減少コストなどである。

また，「努力と成果を関連付ける測定値（アウトカム）」は，アウトカム単位あたりに利用されたコストであり，過年度，設定目標，標準，他部門との比較によって，政策の努力に対する「成果」を評価するための測定値である。

4.5 小　　括

このように，GASB [1994] において示された，ＳＥＡ報告のための測定値についてまとめると，次のとおりである。

- インプットの測定値は，政策実施のための原資である。「支出／費用の財務的測定値」および「努力の測定値」として分類され，会計においていずれかの予算科目（款・項・目）に含められるべき貨幣価額である。
- アウトプットの測定値は，受益者に対する財・サービスの提供量である。インプットである支出／費用（人件費・経費など）を財源とする活動により提供されたサービスの物量，および特定要件を満たすアウトプットの全体に対する割合である。
- アウトカムの測定値は，「提供された資源・サービスから生じた成果または結果を測定するもの」である。アウトプットのうち特定の水準に達したものの割合（達成度の数値），過年度の結果・設定目標・一般に認められた基準／標準，政府機関の他の部門などとの比較に基づく測定値，が挙げられる。

こうして，GASB [1994] で例示された測定値の特質として，アウトプットの測定値およびアウトカムの測定値ともに，「特定レベルに達した財・サービス」を測定対象とすることが明らかとなる。前者の例として「指定水準以上の成績で進級または卒業した学生の割合」が挙げられ，後者の例として「読解について一定の習熟度の向上を達成した学生の割合」が挙げられる。両者は一見すると類似した内容であり，アウトプットとアウトカムの類別の基準が見い出

しにくい。しかし，後者には「向上」という文言が付されており，成果の達成が含意された測定値であるものと斟酌される。

5．わが国地方政府の政策評価システム
　　（誘導プロセス含む）

　以上により，アメリカの地方政府会計概念書における，政策評価のための「業績測定」値が示された。次には，現行（平成25年時点）のわが国の政策評価実務において測定・表示される「業績測定」値の事例を概観するとともに，「業績測定」値がどのようにして「業績評価」に結び付くかの誘導プロセスについて明らかにする。

5．1　わが国の政策評価実務における「業績測定」値

　前述のとおり，わが国地方政府の行政活動は，「政策－施策－事務事業」の3階層で設定され，各階層において「業績測定」および「業績評価」が行われる[23]。そこで事例として，政令指定3都市における政策の「経済性」・「効率性」・「有効性」を評価するために測定されたインプット・アウトプット・アウトカムの「業績測定」値を列挙すると，右の図表1.8のとおりである。

　表をみると，インプットの測定値は，事業費および人件費につき，過年度，当年度（ただし見込額），次年度の予算額が表示される。これらは，内部の財務情報等に基づいて測定された「業績測定」値である。政府全体ではなく「事業」の測定値であるため，他会計への移転支出等は基本的に表示されない。

　アウトプットの測定値は，包括的・総称的な費目（事業費や人件費など）ではなく，それぞれの「事業」において設定された項目，指標などの実績値が表示される。また時系列データとして，過年度実績，当年度見込，次年度目標値が示される。

　そしてアウトカムの測定値は，アウトプット測定値と同様，それぞれの「事業」において設定された項目に対し，目標達成度（もしくは比較）の数値が主

第1章 政策評価システムにおける「業績測定」と「業績評価」

図表1.8 インプット・アウトプット・アウトカムの「業績測定」値

	名古屋市	京都市	福岡市
インプットの「業績測定値」	・事業費 ・職員人件費	・事業費（需用費・役務費・その他経費） ・人件費	・事業費 ・人件費
	前年度決算額，当年度決算見込額，次年度予算額	過去3年の決算額，当年度予算額，次年度予算額	前々年度決算額，前年度決算額，当年度決算見込額，次年度予算額
アウトプットの「業績測定値」	・項目	・指標 ・効率性（単位当たり経費）	・アウトプットに関わる指標
	前年度実績，当年度実績，次年度計画	過去3年の実績値，過去3年の実績の単位当たり経費	過去3年のアウトプットの実績値，次年度目標値
アウトカムの「業績測定値」	・項目	・目標達成度	・アウトカムに関わる指標
	前年度成果，当年度成果，次年度計画	過去3年の目標達成度	過去3年のアウトカムの目標値と実績値，次年度目標値

出所：各市のホームページを参照して作成。

に表示される。これについても，過年度実績・当年度見込・次年度目標の時系列データが示される。

5.2 「業績測定」値に基づく「業績評価」への誘導プロセス

(1) インプット測定値の「経済性」評価への誘導

政策の「投入」プロセスでは，インプット測定値が「業績測定」され，「経済性」の評価基準によって「業績評価」が行われる。「経済性」とは，求められるアウトプットの達成を前提に，インプットがいかに抑えられたかの評価基準概念である。図表1.5で示されたとおり，GASB［1994］ではインプットの測定値として，従業員給与・材料費・設備費など，支出／費用の財務的測定値を主たる項目としている[24]。したがって「経済性」の「業績評価」では，貨

幣価額で測定されるインプットの「業績測定」値がどれだけ抑えられたかが評価される。

　そして，実務においてインプットの抑制度合を評価するには，比較対象を設定する必要があり，これには，①当初設定予算額，②過年度インプット貨幣価額，が挙げられる。まず目標設定により予算額が確定し，これに基づいて貨幣の支出が行われる。したがって，支出する貨幣の抑制度合を評価するための比較対象は，第一に，設定された当初設定予算額である。さらに，当該設定予算により実施される政策が過去からの継続である場合には，過年度インプット貨幣価額との比較により，抑制度合すなわち「経済性」を評価することになる。

(2) アウトプット測定値の「効率性」評価への誘導

　次に，政策の「提供」プロセスでは，アウトプット測定値が「業績測定」され，「効率性」の評価基準によって「業績評価」が行われる。「効率性」とは，投入されたインプットの範囲内で，アウトプットをいかに最大化するかの評価基準概念である。図表1．6で示されたとおり，GASB［1994］ではアウトプットの測定値として，進級または卒業学生数，補修道路の車線マイル数など，サービス提供量を主たる項目としている。価値としてのアウトプットは，インプット（貨幣）から転化したものであり，両者は等価である。したがって「効率性」の「業績評価」では，提供資源量で測定されるアウトプットの「業績測定」値がどれだけ最大化されたかが評価される。

　評価実務においてアウトプットの最大化度合を評価するには，比較対象を設定する必要があり，これには，①当初設定提供目標量，②過年度提供量，が挙げられる。したがって，アウトプットの大きさの度合を評価するための比較対象は，第一に，設定された予定提供量である。さらに，当該提供が過去からの継続である場合には，過年度提供量との比較により，最大化度合すなわち「効率性」を評価することになる。

(3) アウトカム測定値の「有効性」評価への誘導

政策の「効果」発現プロセスでは，アウトカム測定値が「業績測定」され，「有効性」の評価基準によって「業績評価」が行われる。「有効性」とは，提供されたアウトプットがもたらすアウトカムが，どの程度設定目標を達成しているかの評価基準概念といえる。図表1.7で示されたとおり，GASB［1994］ではアウトカムの測定値として，読解習熟度向上を達成した学生の割合，公共交通を利用した人の割合など，一定水準を満たした提供サービスの成果の，全体に対する割合を主たる項目としている。したがって「有効性」の「業績評価」では，「提供」業務がもたらす成果の達成度合が評価される。

評価実務においてアウトカムの達成度合を評価するには，比較対象を設定する必要があり，これには，達成度としての，①当初設定目標，②過年度測定値，③一般に認められた基準・標準，④他部門の測定値，を挙げることができる[25]。

政策のマネジメント・プロセスにおいては，「目標」設定により予算額が確定し，これに基づいて貨幣の「投入」が行われて「活動」が始まり，財・サービスが「提供」される。そして「提供」業務によって「効果」発現に及ぶ。したがって，「効果」の達成度合により「有効性」を評価するためのアウトカムの比較対象は，当初に設定された「目標」が該当する[26]。また，当該「活動」が過去からの継続である場合には，過年度アウトカムと比較して達成度合を評価することになる。さらに，一般に認められたアウトカムの基準・標準値，および他部門のアウトカム測定値も，達成度合を評価するための比較対象となる。

(4) 小　　括

以上により，業績測定値が如何にして業績評価に結び付けられるかという，評価への誘導プロセスが明らかにされた。論述をまとめると，次の図表1.9のようになる。

figure 1.9 「業績測定」値の「業績評価」への誘導

	「業績測定」値の特質	「業績評価」方法	「業績評価」のための比較対象
インプット	貨幣価額の測定値	インプットがどれだけ抑えられたか（経済性）	・当初設定予算額 ・過年度インプット貨幣価額
アウトプット	提供資源量の測定値	アウトプットがどれだけ最大化されたか（効率性）	・当初設定提供目標量 ・過年度提供量
アウトカム	提供サービスから生じた成果の測定値	「提供」業務がもたらす「効果」がどれだけ達成されたか（有効性）	・当初設定目標 ・過年度アウトカム測定値 ・一般に認められた基準や標準 ・他部門の測定値

6．おわりに（考察のまとめ）

　以上により，政策評価システムにおける評価のプロセスと，評価基準，および表示される「業績測定」値などが明らかにされた。

　執行された政策は，インプットの測定値による「経済性」，アウトプットの測定値による「効率性」，アウトカムの測定値による「有効性」の査定によって評価される。「経済性」評価においては，当年度業績と，当初設定予算額，過年度インプット貨幣価額とが比較される。「効率性」評価においては，当年度業績と，当初設定提供目標量，過年度提供量とが比較される。「有効性」評価においては，当年度業績に対し，当初設定目標，過年度アウトカム測定値，一般に認められた基準・標準，他部門の測定値が比較される。

　このように，比較考量に基づいて「経済性」・「効率性」・「有効性」が評価された後，次年度の予算編成にフィードバックされる。さらに，市民，投資者，議員など，第三者に対しても評価の結果が表示・開示される。

第1章 政策評価システムにおける「業績測定」と「業績評価」

(注)

(1) 中井 [2005], 4頁。
(2) 大住 [2002], 51-52頁参照。なお, OECD [1997] では, マネジメント・サイクルを "Inputs - Activities - Outputs - Outcomes - Targets" に区分している (OECD [1997], p.20)。またGAO [2005] では,「活動」を "Process" と表記している (GAO [2005], p.2)。
(3) フィードバックについては,「予算編成プロセス」へのものと,「計画設定プロセス」へのものが存在する。予算編成プロセスにおいては, 予算要求および当該査定が行われ, 計画設定プロセスにおいては, 次年度重点施策・方針の策定と事務事業の見直しが行われる。そして, わが国地方政府の政策評価システムでは, 事業評価が中心であるため, 計画設定プロセスよりも予算編成プロセスが重視される。政策の基本単位は「事業」であり, これが予算編成単位でもあることから, 事業評価が, 計画設定プロセスよりも予算編成プロセスで主に利用されることになる。以上の点は, 藤野 [2007], 23頁参照。
(4) GASB [1994] の指摘によれば, インプット, アウトプット, アウトカムについてのさまざまな財務的・非財務的測定値により, 政府の業績をより完全に査定するための追加的情報が提供される (GASB [1994], par.55)。
(5) 中井 [2005], 187頁。
(6) ただし, Gray and Jenkins [1993] では, 重要な行政執行とそのコストの指標であり業績評価の方法とすべきは,「効率性」と「有効性」であるとしている (A. Gray and B. Jenkins [1993], p.52)。
(7) GASB [1994], par.16。
(8) OECD [1997], p.7。
(9) 藤野 [2007], 20-21頁。
(10) 東 [2001], 104頁。
(11) ただし, 事後評価を実施する時点では次年度がすでに始まっているため, 当該予算編成にフィードバックすることは困難である。つまり, フィードバックされるのは, 次々年度になる。こうした遅延 (タイムラグ) を回避するには, 年度中に見込み・予定・予測に基づいて評価を行う「事中評価」を行う必要がある。この点は, 藤野 [2007], 21頁参照。
(12) FASAB [1993], par.75。
(13) 隅田 [2001], 36頁。
(14) 宮本 [2003], 380頁。
(15) 例えば, 民生費 (款)・社会福祉総務費 (項)・老人福祉費 (目) を構成する事業としてホームヘルパー派遣事業や高齢者等電話サービス事業が挙げられる (隅田 [2001], 58-59頁)。
(16) 石井 [1989], 120頁。
(17) 同上書 [1989], 120頁。
(18) FASAB [1995], par.107。

⑲ *Ibid.*, [1993], par.45.
⑳ GASB [1987], par.19.
㉑ *Ibid.*, par.20. またGASBは，採択された予算と実績の比較を含む予算プロセスを，説明責任の主要な側面をなすものと規定している（*Ibid.*, par.81.）。
㉒ フィードバックに係るわが国の考察では，問題点として，行政評価の管理単位の「事業」と予算編成単位の「事業」とが一致しにくいことが指摘されている。つまり行政評価システムが管理する「事業」は，自治体が策定する総合計画に基づいて演繹的に導出されるため，予算体系の「事業」と異なる場合がある。双方の「事業」体系が異なれば，評価結果をフィードバックして予算に反映することが困難となるのである（石原［1999］，95頁）。
㉓ 平成20年度決算において，都道府県で85.1％，市区町村で63.1％が総務省の報告書に基づいて行政コスト計算書を作成・開示している（総務省［2010］，11頁）。なお，政策評価システムの考察対象として，会計学では「事務事業評価」を取り扱うのが一般的であるが，これ以外に，費用・便益分析理論に基づく「公共事業評価」が存在する。
㉔ 一般に，「経済性」の評価は，会計の評価と考えることができる（大住［1999］，89頁および中井［2005］，189頁）。
㉕ 詳しくは，GASB［1994］，par.50 b 参照。
㉖ 「有効性」は，「アウトカムが求められている目標をみたしているかどうか」の評価基準である（中井［2005］，191頁）。

【参考文献】

A. Gray and B. Jenkins [1993], "Codes of Accountability in the New Public Sector", *Accounting, Auditing, & Journal*, 6(3).

D.R.Sheldon [1996], Managing for Efficiency, Effectiveness, and Economy, Quorun Books.

FASAB [1993], *Objectives of Federal Financial Reporting*, Statement of Federal Financing Accounting Concepts No. 1, 藤井秀樹監訳［2003］『GASB／FASAB公会計の概念フレームワーク』中央経済社．

――――[1995], *Entity and Display*, Statement of Federal Financing Accounting Concepts No. 2, 藤井秀樹監訳［2003］『GASB／FASAB公会計の概念フレームワーク』中央経済社．

GAO [2005], Performance Measurement and Evaluation, GAO.

GASB [1987], *Objectives of Financial Reporting*, Concepts Statement No.1 of the Governmental Accounting Standards Board.

――――[1994], *Service Efforts and Accomplishments Reporting*, Concepts Statement No. 2 of the Governmental Accounting Standards Board.

OECD [1997], *In Search of Results – Performance Management practices –*, OECD.

東信男［2001］「我が国の政策評価制度の課題と展望」『会計検査研究』第24号．

第1章　政策評価システムにおける「業績測定」と「業績評価」

石井薫［1989］『公会計論』同文舘。
石原俊彦［1999］『地方自治体の事業評価と発生主義会計』中央経済社。
大住荘四郎［1999］『ニュー・パブリック・マネジメント』日本評論社。
―――――［2002］『パブリック・マネジメント』日本評論社。
隅田一豊［2001］『自治体行政改革のための公会計入門』ぎょうせい。
総務省　［2010］「新地方公会計の現状について」総務省。
―――――［2011］「政策評価Q＆A」総務省行政評価局（平成23年12月版）。
中井達［2005］『政策評価』ミネルヴァ書房。
藤野雅史［2007］「マネジメントプロセスにおける業績測定システムの利用」『会計検査研究』第36号。
宮本幸平［2003］「自治体業績評価におけるフィードバックの諸問題」『會計』第164巻第3号。

第2章
政策評価システムにおける「業績測定」の問題点抽出

1．はじめに（考察の目的）

　本研究の目的は，序章でも述べたとおり，わが国地方政府が実施する政策に対する業績評価のシステム（以下，政策評価システム）に内在する問題点を抽出し，当該解決のための目標仮説（当為）を設定し，演繹的推論によって必然的な結論を導出するもの（規範演繹的研究）である[1]。本章においては，政策評価システムの問題点抽出を行うこととする。

　序章で説明されたとおり，会計の制度設計に示唆・視点を提供する概念として，「目的論的関連」および「因果関連」が，藤井［2010］によって指摘されている。そして，当該概念に基づいて提示される示唆・視点により，制度設計における問題提起，即ち論点抽出が可能となる。したがって，政策評価システムの制度設計においても会計と同様に，「目的論的関連」および「因果関連」の観点から，伏在する問題点を抽出することが可能と考えられる。

　そこで本章では，政策評価システムに対し，まず「目的論的関連」の観点から問題点を抽出し（第2節），次いで「因果関連」の観点から問題点を抽出する（第3節）。

2．目的論的関連の観点からの問題点抽出

　ここでは，まず目的論的関連の観点からの問題点抽出の意義について説明し（2.1），当該観点に基づく具体的な問題点の抽出を行う（2.2，2.3および2.4）。

2.1　目的論的関連の観点からの問題点抽出の意義

　序章で説明されたとおり，目的論的関連とは，「目的」を設定しその「目的」を達成するための「手段」を選択する「目的－手段の関係」をいい，制度設計においては「必要性の視点」を提供する概念である[2]。何らかの「目的」を達成するために，制度として対応すべき社会の「必要性」が何であるかを特定し，当該欠如に起因する問題点を抽出し，当該問題点を斟酌しつつ制度設計が行われて「手段」が執行される。即ち制度設計が，各人間行為の目的（社会的必要性が伏在）に依存したものであるため，目的論的関連の観点からの当該設計検討が可能となるのである[3]。

　そして，藤井［2010］によれば，企業会計の制度設計における「財務報告の主目的」の定式化は，利害調整（受託財産の保全と処分可能利益の計算）と情報提供（意思決定情報の提供）のいずれを選択するかという問題提起を通じて実施されていく[4]。つまり，財務報告目的の定式化においては，「利害調整と情報提供の二つの目的が存在すること」に起因して，問題点が抽出・提起されることになる。

　したがって，以上のような"企業会計"の問題提起に至る論理プロセスを参酌・援用すれば，"政策評価"の制度設計における問題点を抽出・提起することが可能と考えられる。藤井［2010］で示された論理に従うならば，政策評価の制度設計における「目的」の定式化プロセスにおいて，内在する問題点が提起され明らかにされることになる。

　そこで，政策評価の「目的」，即ち政策執行によって住民等に提供され

第2章　政策評価システムにおける「業績測定」の問題点抽出

るサービスの業績測定の「目的」について，アメリカ政府会計基準審議会（Governmental Accounting Standards Board：以下，GASB）が公表する概念書を見ていく。GASB概念書第2号（以下，GASB［1994］）において，まず政策の業績を測定・表示する「SEA報告」[5]の「目的」定式化における留意点として，「SEA情報が政府業績を測定するための本質的な要素であり，説明責任を査定するさいに，また情報にもとづいた意思決定を行うさいに必要であるという考え方にもとづいて設定されるべき」（par.54）と指摘している。そして当該留意点を勘案しつつ，GASB［1994］は，以下のようにSEA報告の「目的」を定式化する（par.55, 項番筆者）。

① 提供されたサービスの経済性，効率性，有効性を利用者が査定するのに役立つように，損益計算書，貸借対照表，予決算報告書，附属明細表では提供できないような充実した，政府機関の業績についての情報を提供する。

② 業績の測定には，資源の調達と利用についての情報だけでなく，提供したサービスのアウトプットおよびアウトカムについての情報や，資源の利用とアウトプットおよびアウトカムとの関連についての情報も必要である。

以上より，政策評価の「目的」とは，説明責任について査定するさいに，また情報に基づいた意思決定を行うさいに必要な情報となるように留意しつつ，提供サービスの経済性，効率性，有効性を査定するのに役立つような，資源の調達と利用についての情報（インプット情報），提供サービスのアウトプット情報およびアウトカム情報を測定・表示することである。

そしてここでは，目的論的関連概念を構成する「目的－手段の関係」に着目し，GASBが定式化したSEA情報の「目的」に対応して設定された「手段」を検証することにより，政策評価の制度設計において提起されるべき問題点の抽出を図ることができる。つまりこれは，「手段」としてのインプット・アウトプット・アウトカムの測定値が説明責任を査定するための追加的情報を提供するという「目的」を達成するかの検証を通じて，制度設計の問題抽出を図る作業である。

そこで以下（2.2，2.3，2.4）において，「手段」としてのインプット・アウトプット・アウトカムの測定値表示に対する「目的」達成度の検証を通じて，問題点の抽出を図っていく。

2.2　説明責任と期間衡平性の査定を行う上での問題点

ここでは，政策評価の制度設計における問題点（内在論点）につき，制度の「目的」を具現化する「手段」としての「業績測定」値が，説明責任の査定情報を提供しているか，その検証を通じて抽出する。そこでまず，「説明責任」概念およびこれを履行するための実践性を含意する「期間衡平性」概念について説明する。

GASB［1987］は，「説明責任」（accountability）の概念が，政府におけるすべての財務報告の基礎であるとし（par.56），さらに「期間衡平性」（interperiod equity）の概念が，説明責任の重要な一部を構成すると同時に行政運営の基礎をなすと考える（par.61）。期間衡平性を前提とすれば，「現世代の市民が当該年度のサービスにかかわる支払負担を，将来年度の納税者に転嫁するような可能性があってはならない」ことになる（par.60）。

こうしたGASB［1987］の規定について，まず，「説明責任がすべての財務報告の基礎」と表現することに着目する必要がある[6]。制度の構成要素として，一般に法令，会計基準，行政運営機関などがあり，行政運営機関による法令および会計基準の発動により具現化する行為が「財務報告」である。さらに規定によれば，説明責任の重要な一部を構成すると同時に行政運営の基礎をなすのが「期間衡平性」とされる。したがって，「期間衡平性」は，政府が「説明責任」を履行するための実践的概念にあたるもので，「期間衡平性」概念を財務報告に盛り込むことで，政府の「説明責任」をより一層果たすことができる。

そこで，政策評価の制度設計における問題点（内在論点）の抽出は，目的論的関連の観点から制度の「目的」に対する「手段」である，インプット・アウトプット・アウトカムの測定値が説明責任査定の機能を具備するか，その検証によって可能となる。具体的には，「説明責任」履行のための実践的規定であ

る「期間衡平性」の査定が，表示された測定値により可能となるかの検証により，問題点の有無を確認することができる。

「期間衡平性」の査定は，上述のとおり，将来年度の納税者に負担が転嫁されていないかの査定である。そして当該判断に必要となるのは，弁済義務を負う公債や借入金などの財源の情報である。また，政策担当者の退職給付費用についても，将来年度の納税者が負担する金額であり，「期間衡平性」の査定に有用な情報となる。したがって政策評価システムにおいて，「説明責任」の履行を査定できるかどうかは，「期間衡平性」を査定する情報となる，公債・借入金など負債の変動情報，および退職給付費用など引当金繰入の情報が表示されているかによって判断することができる。

そして，第1章で示された政策評価システムの表示項目事例をみると，必ずしもこれらの情報が表示されていないことがわかる。政策評価の「目的」に対する「手段」としての業績測定値に基づいて内在問題点の顕在化を図るとすれば，抽出できる問題点とは，「説明責任と期間衡平性の査定に必要な情報が必須的に表示されていない」ことであろう。

2.3 アウトプット測定値とアウトカム測定値の類別の不明確性

次に，制度において定式化された政策評価の「目的」が，現実に展開される規定・実務などの「手段」により達成されうるかの観点より抽出される問題点として，表示されるアウトプット測定値とアウトカム測定値の類別が不明確である点を挙げることができる。

上述のとおり，SEA報告においては，提供したサービスのアウトプットおよびアウトカムの業績が表示される。アウトプットについては，貨幣支出であるインプットにより提供された，財・サービスの量であるため，単位は異なるものの二つは等価となる。これに対しアウトカムは，受益者に提供された財・サービスから生じた「成果」の測定値である。この点につきGASB［1994］では，「アウトプットは，提供された財・サービスの量を測定するものである。これに対してアウトカムは，アウトプットを提供した結果を測定するものであ

る。」と述べられている (par.50b)。

　GASB［1994］においては，アウトプット測定値の例として，「進級または卒業した学生数」が挙げられている。しかし，この数値は提供された財・サービスの量ではなく，教育事業に従事した教職員等による提供サービス（これが本来はアウトプット）から発現した「成果」となる，アウトカムの「業績測定」値に該当する。進級・卒業は，アウトプットである提供サービス（即ち教職員等による教育）に起因した「成果」としてもたらされたのであり，これはアウトカムと考えるのが妥当である。

　また，「一定時運行の達成基準を満たしたバスの割合」，「ある最低限の満足な状態まで補修された道路の車線マイル数の割合」など，特定の質的要件（一定の水準）を満たした財・サービス提供量もアウトプット測定値とされる。しかしこれらは，政府の貨幣支出によりもたらされたすべての提供量ではなく，したがってインプットと等価ではない。提供されたアウトプットのうち，一定水準以上の成果を得たもののみを対象とした「業績測定」値であるため，GASB［1994］の規定に基づけばアウトカム測定値に分類するのが適切である。質的要件（一定の水準）とは，すべての提供量（これがアウトプット）のなかで，効果の発現を受益者が認識したであろう（と政府が予測する）水準であり，これを上回ったのであれば，「効果」発現が叶ったアウトカムの測定値とすべきであろう。

　したがって，GASB［1994］が示したアウトプット測定値（第1章・図表1.6）のなかで，本来的に妥当とされるのは，「捜査犯罪数」と「補修道路の車線マイル数」に限られる。

　このような，アウトプットとアウトカムの測定値類別の不明確性に関して，GASB［1994］では以下のように述べられている。

　　多くのアウトカムについては，それらの特質が複雑であり，また測定するアウトカムに影響を与えるにもかかわらず政府機関のコントロールが及ばない要因があるため，アウトプットとアウトカムの間にははっきりとした因果

第2章 政策評価システムにおける「業績測定」の問題点抽出

関係を見いだすことは不可能である（GASB［1994］，par.50b）。

ここでGASBは，「アウトカムに対し政府機関のコントロールが及ばない要因」を明言しないが，この要因とはアウトカムが，受益者のサービス享受により発現することと推察できる。提供サービスの「成果」の測定値とは，本来的には「受益者が感じた有効性の大きさ」であろう。そのため，政府が提供したアウトプットと，これに対応した成果発現との因果関係を見出すこと（具体的には発現した成果を測定すること）は，GASBが指摘するとおり困難と思われる。例えば，アウトプットとされる「進級または卒業した学生数」について，本来はアウトカム測定値（しかも受益者便益の大きさはわからない）とすべきであるにもかかわらず，受益者の満足度向上が政策の「目標」であることから，当該測定値がアウトカム測定値に該当しないと判断されるのである。即ち，アウトプットとアウトカムの因果関係の不明確性およびアウトカムの測定困難性に起因し，「成果」の大きさが確認できないものは当該発現の手段であるアウトプットと判断され，このためアウトカム測定値との同視化が生じたものと推察できる[7]。

しかし，GASB［1994］の規定を文理解釈すれば，アウトプット測定値は「サービスの提供量」であり，政府が提供するサービス自体の「業績測定」値である。これに対しアウトカム測定値は「アウトプットを提供した結果を測定するもの」であり，受益者が受領したサービスの「成果」の「業績測定」値である。そこで，当該点を参酌・勘案してアウトプット測定値とアウトカム測定値を峻別すると，図表2.1のようにまとめることができる。

図表2.1　アウトプット測定値とアウトカム測定値の相違点

項番	測定値	測定対象の事象	内容
1	アウトプット	政府が提供したもの	財・サービスの提供量
2	アウトカム	受益者が享受したもの	受け取った財・サービスに起因する「成果」

即ち，アウトプット測定値は，インプットを原資として政府が提供した，財・サービス量の測定値である。これには，提供された職員・教員・警察官などの員数やサービスの量，補修された道路の距離・本数，バスの運行本数・増便数，などが該当する。これに対しアウトカム測定値は，受益者が受け取ったアウトプット（財・サービス）に起因して発現する「成果」の測定値である。これには，教育を受けた学生数[8]，教育により一定水準の成績に達した学生数，バスの乗客数・増加数，予定時刻迄に停留所に到着した乗客数，一定基準よりも良好に改修・維持された道路の距離・本数，などが該当する。バスの運行本数はアウトプットであり，乗客数はアウトカムである。

そして，アウトカム測定値に基づく「有効性」の評価は，GASB［1994］によれば，当年度の「業績測定」値と，当初設定目標値，過年度測定値，一般に認められた基準・標準測定値，他部門測定値等との比較により達成されることになる。特にこのなかで「一般に認められた基準・標準」が示され，これとの比較によって政策の「有効性」が担保されたと見なされる[9]。

つまり，アウトプット測定値は政府によって提供されたサービス数・量であることから，当該数・量と，当初設定目標測定値もしくは過年度との比較衡量によって，「効率性」を査定することが可能となる。他方，アウトカムの測定値は，予め設定された水準・基準に達した場合の提供サービス数・量であるか，当該測定値の当初設定目標値もしくは一般に認められた基準・標準値に対する達成の割合（パーセンテージ）であり，これによって「有効性」を査定することになる。

以上より，GASB［1994］（par.56b）においてアウトプットとアウトカムの測定値の特質が明確に類別されて規定されるにもかかわらず，表示項目の規定では同視化され類別が不明確であることが，抽出問題点として設定できる。

2.4 インプットとアウトカムとの関連情報の問題点

上記（2.1）で示されたとおり，GASB［1994］で定式化されたSEA報告の「目的」の一つが，「資源の利用とアウトプットおよびアウトカムとの関連

についての情報」の測定である（par.55）。つまり，資源利用による支出（インプット）と，これによりもたらされるアウトプットおよびアウトカムの測定値との比率を，「関連についての情報」と表現するものである。

　GASB［1994］で規定される，一方の「努力と成果を関連付ける測定値（アウトプット）」とは，提供されたアウトプット単位あたりに利用されたコストであり，政策の「効率性」を評価するための測定値である。これには，「学生1人当たりのコスト」，「交通機関の乗客1人当たりのコスト」，「全面改修または補修された道路の車線マイル数当たりのコスト」等がある。

　他方の「努力と成果を関連付ける測定値（アウトカム）」とは，アウトカム単位あたりに利用されたコストであり，過年度，設定目標，標準，他部門との比較により，政策の「成果」を評価するための測定値である。これには，「読解について一定習熟度を達成した学生1人当たりのコスト」，「予定時刻迄に停留所に到着した乗客の1人当たりのコスト」，「優良・良好・普通の状態に改修または維持された道路の車線マイル数当たりのコスト」等がある。

　そして問題となるのは，アウトカム単位当たりに利用された資源・コストが測定されたとしても，これが主観に基づく測定値となる点である。一方の，アウトプット単位当たりに利用された資源またはコストの場合は，アウトプットの測定値が事実に基づく数値であるため，効率性の指標とすることが可能である。ところが，アウトカム単位当たりに利用された資源またはコストは，主観に基づいて設定された水準・基準を達成した数量についての，単位当たりコストである。上掲の例でいえば，「読解について一定習熟度を達成した学生」，「優良・良好・普通の状態に改修または維持された道路」がこれに該当する。したがって，当該アウトカムが主観に基づいた測定値であるため，アウトカム単位当たりコストについても同様の特質をもつ値となる。

　このように，GASB［1994］ではSEA報告の「目的」として，コストとアウトカムの関連情報を用いた業績測定を規定するが，アウトカムの業績測定値に主観が介在する以上，インプットとアウトカムの関連情報にも主観が介在することが，問題点として顕在化する。

3. 因果関連の観点からの問題点抽出

3.1 因果関連の観点からの問題点抽出の意義

　序章で述べたとおり，因果関連とは，ある原因によって特定の結果をもたらした過程をたどる「原因－結果の関係」をいい，目的達成を可能にした（ここでは制度化が達成された）客観的条件を追跡する概念である。会計規制機能への当該概念の援用につき，藤井［2010］では，因果関連を構成する諸条件（即ち，目標達成を可能とした条件）を，規制機能の主導要因とする。そして，企業会計においては，当該主導要因となる目的達成の条件として，政治規制（法令等を通じた政府の直接規制に依拠して会計機能の発現を図る）と，市場規律（市場メカニズムに依拠して会計機能の発現を図る）に峻別する[10]。ここでは，「規制機能の主導要因として政府規制と市場規律のいずれを想定するべきか」という問題が提起されることになる[11]。

　そこで，こうした因果関連の観点を政策評価の制度設計に応用すれば，内在する問題を抽出・提起することが可能である。藤井［2010］の分類に従えば，市場メカニズムに依拠した市場規律は政策評価システムには存在せず，他方の政府規制のみが，システム形成の主導要因となり得る。即ち，達成された「結果」とは政策評価システムの制度・実務化であるが，当該達成の「原因」であり客観的条件である規制機能の主導要因には，政府規制のみが該当する。

　したがって，こうした因果関連の状況において想定される問題として，「規制機能の主導要因が政府規制のみである場合に生じる問題」が設定される。そこで，政府の規制・規定に基づいて政策評価機能の発現が図られる際に生じ得る問題点につき，以下で明らかにする。そこでとりあげる政府規制としては，アメリカ政府会計基準審議会（GASB）の政府会計概念書が示す規定，およびわが国地方政府の政策評価制度における規定が対象となる。

3.2 アウトカム測定値における主観介在の問題
(1) GASB 政府会計概念書のアウトカム測定値

　アメリカ政府会計の概念書であるGASB［1994］が規定するアウトカム測定値では，"一定の"という文言が付された項目が確認できる。そして「読解について一定の習熟度の向上を達成した学生の割合」の場合，達成状態である"一定習熟度"の度合いについては，管理者・基準設定者の主観に基づくものとなる。さらに，「一定の習熟度に達して有効性を具備する」と判断される学生の"割合"についても，管理者・基準設定者の主観に基づくものとなる。即ち，アウトカム測定値である達成の"割合"（パーセンテージなど）につき，これを「有効性」具備と判断する基準値が，基準設定者によって決定される。

　同様のGASBにおける例として，アウトカムの測定値とされる「優良，良好，普通の状態にある道路の車線マイル数の割合」の場合，達成状態である"優良，良好，普通の状態"について，管理者・基準設定者の主観に依拠する。さらに，有効性があったと認められる道路の「車線マイル数の割合」についても設定者により目標値が設定される。即ち，アウトカム測定値である達成の"割合"（パーセンテージ）につき，これを「有効性」具備と判断する基準値が，設定者の主観に拠るものとなる。

　このように，一定基準が達成されたとみなされる"状態"の数・量につき，全体に対する当該数・量の割合（達成度）が最終的にアウトカム測定値となる。そして"状態"と，「有効性」が発現したとみなされる"割合"について，管理者・基準設定者の主観が介在することになるのである。

　これに対し「公共交通を利用した人の割合」や「公共交通利用者増加による交通事故の減少数」の場合，「利用した人の割合」や「交通事故の減少数」のアウトカム測定値は，事実としての政策の「成果」であり，一定基準が達成されたとみなされる"状態"であるかの主観的判断を介さない数値である。ただしこれらについても，目標値・基準値，過年度値，他部門等との比較により，目標が達成された（もしくはされなかった）と判断することは可能であるが，それが「有効性」を具備するレベルであるかの判断は，やはり主観に拠らざるを得

ない。

　したがって以上より，GASBが規定するアウトカム測定値は，①一定基準が達成されたとみなされる"状態"の全体に対する割合の測定値と，②事実としての政策の「成果」の測定値，の二つに分類できる。そして①の場合には，"状態"が一定基準を満たしているかの判断につき，基準設定者の主観が介在する。また，①および②において，達成した割合（パーセンテージ）につき，これを「有効性」が具備されたと判断する基準が，設定者の主観に依拠するものとなる。これらのことから，アウトカムの「業績測定」値につき，場合によっては（①のケース），二重に主観が介在することになる。

(2)　わが国政策評価システムのアウトカム測定値

　わが国の政策評価制度・規制では，特に事務事業のアウトカム測定において，「ベンチマーキング」が主たる方法に採り入れられている。これは，特定事業における成果の「基準・目標」を設定し，その達成によって「有効性」を査定しようとするものである。第1章・第4節で示されたとおり，現行システムにおける主なアウトカム測定値は，目標に対する実績の比較による「達成度」（パーセンテージ）である。つまり，目標アウトプット（ベンチマーク）に対する実際アウトプットの「達成度」が，アウトカム測定値となる。

　政府支出の貨幣価額であるインプットと，これにより提供された財・サービスであるアウトプットとは等価である。したがって，ベンチマーク以上の成果が達成されたとすれば，当該アウトプット数・量は，「有効性」が存する可能性の高い数・量といえる。しかしながら，上述のとおり，ベンチマークは当該設定者の意思・判断に基づく目標数値（数・量）であり，アウトカム測定値の本義となる，受益者への発現「成果」の大きさを示すものではない。当該目標数値は設定者の主観に依拠することから，他政府・組織における同様の政策においては，異なったベンチマークの数値が設定されることになる。また測定単位についても，貨幣価額（円）のみならず数・量でも示されるため，他政府・組織との比較が可能とならない。したがって，こうした数値比較の機能におい

て,「ベンチマーキング」に基づくアウトカム測定には問題が内在する。

　こうした問題に対し,成果の価値を明瞭に示すためには,他の政策と比較可能な共通の尺度（単位）を用いて,相対的価値を示す方法が考えられる。そこで,"円"を価値の単位に設定すれば,他政府・組織との相対比較が可能となる。また,インプットの単位が"円"であるため,アウトカムの単位も同様とすれば,比率（アウトカム／インプット）が"1"を基準とした指標になり,主観が介在することなく「有効性」を査定できる。

4. おわりに（抽出された問題点）

　以上により,「目的論的関連」および「因果関連」の観点から,政策評価システムで事前に定式化された「目的」に対して検証を行い,複数の問題点が抽出された。

　目的論的関連の観点から抽出された問題点は,以下の3点である。

① 説明責任と期間衡平性を査定するために必要な情報が必須的に表示されていないこと。
② アウトプットとアウトカムの測定値につき同視化され類別が不明確であること。
③ コスト－アウトカムの測定値につき,「成果」が主観に基づくならば当該測定値が正確かどうか判断できないこと。

　次に,因果関連の観点から抽出された問題点は,以下の1点である。
① アウトカム測定値に主観が介在すること。

　以上に列挙された問題点に対し,次章（第3章）において,まず統合・分類を行い,しかるのち,分類された問題点の各々に対して目標仮説を設定していくことにする。

(注)
(1) 徳賀［2012b］，144頁。
(2) 藤井［2010］，24頁。
(3) 会計は，ある目的のもとに設計・構築されたシステムであり，その目的を達成するための手段として機能することが，つねに何らかの程度において期待されている（藤井［2007］，75頁）。
(4) 藤井［2010］，25頁。
(5) 「サービス提供の努力と成果に関する報告」（Service Efforts and Accomplishments reporting）を「SEA報告」といい，当該報告の構成要素を「SEA測定値」という（GASB［1994］，par.50）。
(6) GASB概念書第1号では，自治体財務報告の「基本目的」（objectives）に焦点を当てた考察が行われている。ここでの「基本目的」とは，会計基準設定のための基準（メタ基準）である「概念フレームワーク」の一要素であり，かつ自治体財務報告のあり方を考察するための理論基礎となるものである（藤井［2001］，2-3頁）。
(7) わが国A市・行政評価（2012年度）の「評価票」において，例えばまちづくり事業の一環としての「イベント開催事業」につき，「イベント参加店舗数」をアウトプットであると同時にアウトカムでもあると考えている。この例につき本来的には，「イベント開催のための投入人員数」や「提供サービス」がアウトプット測定値であり，「イベント参加店舗数」がアウトカム測定値である。
(8) 「教育を受けた学生数」はアウトプットではなくアウトカムである。教育活動は，受益者である学生・生徒・児童がこれを受けることで完了するため，当該測定値は，教育活動の「成果」の一つと考えるべきである。ここでのアウトプットとは，教員数，指導時間などが該当する。
(9) ただし，過年度測定値および他部門測定値は，これ自体，目標・基準・標準の数値でないため，「有効性」査定のための比較対象としては注意を要する。
(10) 藤井［2010］，25頁。ここで，因果関連を構成する諸条件とは，「社会的な広さをもって実務に受容されたもの」とされている。
(11) 同上稿，25頁。

【参考文献】
GASB［1987］, *Objectives of Financial Reporting*, Concepts Statement No.1 of the Governmental Accounting Standards Board.
GASB［1994］, *Service Efforts and Accomplishments Reporting*, Concepts Statement No.2 of the Governmental Accounting Standards Board.
徳賀芳弘［2012b］「会計基準における混合会計モデルの検討」『金融研究』2012.7。
藤井秀樹［2001］「アメリカ公会計規制の枠組みと考え方」『公営企業』2001年第5号。
────［2007］『制度変化の会計学－会計基準のコンバージェンスを見すえて－』中央経済社。
────［2010］「非営利法人における会計基準統一化の可能性」『非営利法人研究学会

誌』第12号。

第2章　政策評価システムにおける「業績測定」の問題点抽出

第3章

「業績測定」の抽出問題点に対する目標仮説の設定

1．はじめに（考察の目的）

　前章（第2章）において，政策評価システムに内在する想定問題点が，「目的論的関連」および「因果関連」の二つの観点に基づいて抽出された。前者観点からは，①期間衡平性を査定するため将来に弁済義務を負う財源の情報が必要であること，②アウトプットとアウトカムの測定値につき同視化され類別が不十分であること，③コスト-アウトカムの測定値につき「成果」が主観に基づくならば当該測定値が正確かどうか判断できないこと，が問題点とされた。また後者観点からは，アウトカム測定値に主観が介在することが問題点とされた。
　序章で述べたとおり，本研究の目的とは，二つの観点に基づいて抽出された問題点に対し，当該解決のための目標仮説（当為，正にあるべきこと）を設定して，演繹的推論で必然的な結論を導出することである。即ち，政策評価システムのあるべき表示項目の措定を目途とした規範演繹的研究を行うものである。
　そこで本章では，前章において抽出された複数の問題点を統合・分類し（第2節），しかるのち，分類された問題点の各々に対して目標仮説を設定していく（第3節および第4節）。
　こうして，抽出問題点の各々について目標仮説が設定されたのち，次章以降において規範演繹的考察が進められ，政策評価システムのあるべき表示項目が措定される（研究の構成は序章・第3節に示されている）。

2．抽出問題点の総括と統合・分類

　前章（第2章）で示されたとおり，目的論的関連の観点からの問題点として，①期間衡平性を査定するため将来に弁済義務を負う財源の情報が必要であること，②アウトプットとアウトカムの測定値につき同視化され類別が明確でないこと，③コスト－アウトカム測定値につきベンチマーク（目標値）が主観に基づいて設定されること，が抽出された。次に，因果関連の観点から，④アウトカム測定値に主観が介在することが，問題点として挙げられた。

　以上の4点のなかで，①は，期間衡平性査定のための情報欠如の問題点である。即ち，目的論的関連の観点から，政策評価の「目的」を全うする「手段」として，当該表示が必須化されていないという問題である。目的論的関連とは「目的－手段の関係」であり，制度の「目的」定式化と，これに基づく実務定着のための「手段」明確化との関係である。当該観点から，「説明責任」および「期間衡平性」の査定という「目的」のために，将来年度の納税者に転嫁される地方債や借入金など負債の変動情報，および退職給付費用などのコストの表示を「手段」とする必要がある。そして，現行の政策評価システムにおいて，これらの項目が必須的に測定・表示されていないことが問題点として顕在化する。

　次に，もう一つの類別されるべき問題は，上記③および④で示された，アウトカムの測定における主観介在に起因するものである。現行システムでは，設定者によって予め「成果」があったと判断される目標水準が設定され，これを達成したアウトプットの数・量がアウトカムの業績測定値とされる。もしくは，アウトプット測定値と目標値とを比較し，達成割合（パーセンテージ）に基づいて評価ランク（A・B・Cなど）が判定され，これがアウトカム測定値となる。しかしこのような測定値は，設定目標値が主観に基づくものであり，また，成果があったと判断される割合（パーセンテージ）についても同様である。

　さらに主観介在の問題は，②の問題点にも関わるものである。即ちこれは，

第3章 「業績測定」の抽出問題点に対する目標仮説の設定

GASB [1994] の規定において顕在化している, アウトプットとアウトカムの同視化の問題である。GASBにおいて, アウトプット測定値は「政府による提供量」で効率性を査定するもの, アウトカム測定値は「受益者が受け取った財・サービスに起因して発現する成果」で有効性を査定するものとされており, 二つの違いは明確である。にもかかわらず, 第2章（2.2）で説明されたとおり, 二つの測定値が混同・同視化されている。

以上に挙げられた問題点は, アウトカムの測定値が, 会計情報のような取引価額に基づく測定値でないことに起因する。本来的には, 受益者が受け取った財・サービスの量がアウトプット測定値であり, 当該受け取りによって発現する「成果」がアウトカム測定値であって, 二つは峻別される必要がある。しかし, 発現した「成果」を主観によらず測定するシステムが存在しなければ, 「アウトプット測定値とアウトカム測定値の同視化の問題」,「コストーアウトカム測定値の客観性の問題」, および「アウトカム測定値に主観が介在する問題」が顕在化することになる。

したがって以上より, 前章（第2章）で抽出された問題点は, 以下の2点に統合・分類することができる。

・期間衡平性査定のための負債変動情報およびコスト情報が必須的に表示されていない。
・アウトカムの測定値には主観が介在し, 貨幣価額として表示されない。

そこで,「期間衡平性を査定する情報が必須的に表示されていない」問題点に対して次節（第3節）で目標仮説を設定し,「アウトカム測定値に主観が介在する」問題点に対して次々節（第4節）で目標仮説を設定する。

3．目標仮説①の設定（期間衡平性査定の問題に対して）

上記（第2節）で述べられたとおり, 政策評価の制度設計を行うために, 目的論的関連の観点から問題点を抽出することが可能である。当該観点の「目

的」にあたる「期間衡平性」査定を全うするためには，将来年度の納税者に転嫁される項目の表示をもって「手段」とする必要がある。そこで，表示項目の検証により抽出された問題点として，「期間衡平性査定のための負債変動情報およびコスト情報が必須的に表示されていない」ことが明らかとなる。

　会計上の勘定科目である地方債や借入金は，貸借対照表に「負債」として表示される項目であり，複式計算構造を前提とすれば，相手勘定は，基本的に「現金」である。そして，セグメントとしての事業においては，インプットのための財源を意味する。したがって，当該財源が，将来年度の納税者に転嫁される負債によって調達されるのであれば，これを表示することで，期間衡平性の査定が可能となる。

　また退職給付費用は，行政コスト計算書に表示される項目であり，複式計算構造を前提とすれば，相手勘定は「負債」である退職給付引当金である。即ち将来において，当該政策担当者の退職給付が「現金」で支出されるため，退職給付の繰入価額が退職給付費用として計上される。したがって，当該コストを政策評価システムにおいて測定・表示することにより，将来に転嫁される人件費の負担価額を把握することができる。そこでこれら項目の表示によって，期間衡平性およびその上位概念である「説明責任」の査定を可能とする。

　そして，現行のわが国政策評価システム（第1章で概略を説明）では，地方債，借入金，退職給付費用の測定値が，必須的に表示されていないことが問題点として顕在化する。このことから，次のような目標仮説を設定することができる。

（目標仮説①）
　将来負担転嫁額の表示により説明責任と期間衡平性の査定を可能にする。

---

4. 目標仮説②の設定（アウトカム測定値の主観介在に対して）

　次に，設定されたもう一つの問題点は，「アウトカムの測定プロセスに主観が介在する」ことであった。前章によれば，わが国の政策評価システムで測定・表示されるアウトカム測定値とは，一定水準を満たしたアウトプットの数・量か，もしくは目標達成度（パーセンテージ）の業績測定値である。これに対し，アウトカムの本義である発現「成果」を貨幣価額で測定できれば，アウトプット測定値とアウトカム測定値の同視化の問題，アウトカム測定値およびコスト－アウトカム測定値に主観が介在する問題の解消を図ることが可能となる。本節では，発現した「成果」に対する貨幣的測定観が存在すること，当該測定観の理論，貨幣価額をアウトカム測定値とすることの意義，について述べたうえで，アウトカムの貨幣的測定を意図・含意した目標仮説設定を行う。

4.1　提供サービスの「成果」測定における測定観

　ここではまず，提供された財・サービスに起因して発現する「受益者便益」につき貨幣的測定観が存在すること，およびアメリカ政府会計概念書で示された諸概念においても当該測定観が含意されていること，について説明する。

(1)　「収入・支出測定」と「費用・便益測定」の二つの測定観の並存

　政府が実施する諸政策（実施の最小単位は「事務事業」）は，法効力に基づいて徴収される税金および交付金等を財源とする「予算」に基づいて執行され，業者等に対して対価としての現金が支出される。

　この時に，政府予算部門および管理部門は，現金収入を便益と同等に捉え，かつ現金支出をコストと同等と考える傾向にあるため，「収入・支出分析」（Revenue－Expenditure Analysis：以下REA）に従事する「予算監視者」（guardians）になるという見解がある[1]。そして，当該見解のマイナス側面と

して，政府予算部門および管理部門は，社会資本形成による時間短縮や死亡者数減少など非財務的な社会的便益の業績測定を軽視する傾向にあることが，先行研究により指摘されている[2]。

かかる見地に対し，他方で，社会的便益を貨幣測定する理論・実務が考察対象の，費用便益分析（Cost-Benefit Analysis：以下CBA）という研究領域が存在する。CBAは，政府が特定の政策を実行すべきかどうか，また互いに相容れない別個の政策間で選択を行うときにどれを行うかを理論的に評価する手法であり[3]，政策実施の結果，社会構成員に対して分配された価値を，金銭的に数値化するものである[4]。

CBAの理論によれば，特定の制約条件下における需要関数および供給関数から導出される，消費者余剰および生産者余剰の和を「便益」とし，当該価額と「費用」とが比較される（本節において後述）[5]。現行実務においては，特定公共事業に対する投資（例えば道路や港湾など社会資本への投資や既存施設の維持補修など）による便益増加の貨幣価額が測定・表示されている[6]。

(2) アメリカ公会計概念フレームワークにおける「成果」の測定観

以上のようなREAとCBAの二つの測定観は，アメリカ政府会計基準審議会（Governmental Accounting Standards Board：以下GASB）の概念書においても含意されるものである。

まずREAについては，GASB概念書第1号で示された諸概念において含意される。前章（2.3）で示されたとおり，同概念書では，「説明責任」（accountability）が「政府におけるすべての財務情報の基礎」（par.56）でありかつ「最高の基本目的」（par.76）とされ，当該達成の重要な構成要素として「期間衡平性」（interperiod equity）の概念を規定する。「期間衡平性」とは，「現世代の市民が当該年度のサービスに関わる支出負担を，将来年度の納税者に負担させてはならない」とし（par.60），「当該年度の歳入が当該年度のサービスを賄うのに十分であるか，また過年度に提供されたサービスの対価を将来の納税者に負担させる必要があるか」を問う概念である（par.61）。

したがって「期間衡平性」概念は、税金等の収入価額と、提供されたサービスの支出価額との均衡を理想とするため、ここにREAの測定観が含意されることになる。即ち、収入超過の場合には取り過ぎた税収、支出超過の場合には将来住民への転嫁分が存在するため、支出超過であれば当該価額が将来に転嫁され、将来の住民に負担が及ぶことが明らかとなり、「期間衡平性」の査定が可能となる。

他方CBAは、GASB概念書第2号で規定された諸概念に含意されている。同概念書では、住民や債権者などの情報利用者に対する「サービス提供の努力と成果の報告」(Service Efforts and Accomplishments reporting：以下、SEA報告) が規定される。即ち、貸借対照表や損益計算書が提供できない業績情報の開示をSEA報告の基本目的の一つとし (par.63)、SEA情報を他の情報と組み合わせることで、政府の経済性・効率性・有効性を利用者が査定するのに役立つとGASBは考える (par.4)。そして、このようなSEA報告の測定値の一つとして、「サービス提供の成果の測定値」が挙げられている (par.50)。

「サービス提供の成果の測定値」とは、「利用された資源によって何が提供され達成されたかを報告するもの」(par.50b) である。当該測定値はアウトプットとアウトカムとに類別され、アウトプットは提供されたサービスの「量」を測定するもの、アウトカムはアウトプットを提供した「成果」を測定するものをいう[7]。そしてCBAは、「サービス提供の成果の測定値」を「社会的便益」として捉え、その貨幣価額を測定する理論である[8]。つまり、CBA理論に基づいて算出された測定値は、GASBのいう「成果」としてのアウトカムを、貨幣価額によって測定したものとなる。

4.2 CBAに基づくアウトカム測定の理論

以上によって、発現した「成果」であるアウトカムの業績を貨幣価額で測定する、CBAの測定観の存在が明らかにされた。共通尺度である"円"を単位とするアウトカムの測定を政策評価実務に採り入れることで、主観介在が回避される可能性がある。したがって、当該測定観を前提とするアウトカムの貨幣的

測定を目標仮説として設定することができる。そこで，CBAに基づくアウトカム測定の是非を検証するために，以下において「CBA理論」に基づくアウトカム測定の概念・理論を説明する。

(1) CBA理論における「便益」測定の概要

これまでに，CBAの研究領域で形成された理論によって，政府の投資支出に対する「成果」の貨幣的測定値を計算する方法が既に確立されている。わが国では，国土交通省が主導するかたちで，社会資本形成のための支出（いわゆる公共事業）から生じる「便益」に対し，CBAを援用した貨幣的測定が実践されている[9]。国土交通省が規定する「便益」とは，社会インフラ（道路・橋梁・港湾）など政府投資資産の利用に伴い，利用者が負担する金銭的，時間的，その他すべての費用が軽減される効果をいう[10]。「便益」の基本的な概念は図表３．１で示すとおりであり，需要関数$D(P)$と供給関数$S(P)$の交点である点Aにおいて，需要量および供給量と一般化価格P'が決定され[11]，便益である消費者余剰と生産者余剰の合計（社会的余剰）が最大の値となる。

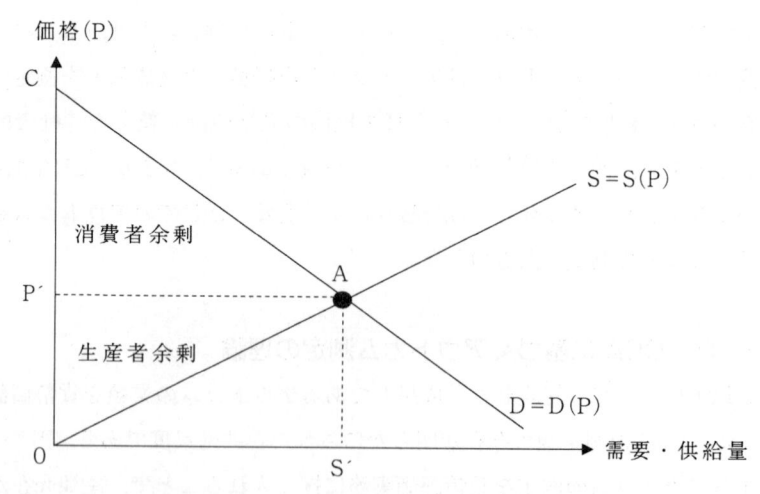

図表３．１ 「費用便益分析」概念における関数と余剰

第3章 「業績測定」の抽出問題点に対する目標仮説の設定

　図における需要関数は，マーシャルの需要関数$X_1 = D_1(P_1, \bar{P}_2, \bar{I})$に基づくものである。これは，かりに財$X_1$と財$X_2$の2財のみ存在すると仮定し，$X_2$の価格$P_2$を一定とし（$\bar{P}_2$），予算制約条件を一定とした場合（$\bar{I}$）において，財$X_1$の価格$P_1$の変化に応じて需要量がどう変化するかを示すものである。ここで，逆関数として$P_1 = P_1(X_1, \bar{P}_2, \bar{I})$を設定すれば，需要量$X_1$に対応した「支払意思額」として価格$P_1$が導出される[12]。したがって，$X_1$と$P_1$の関数は，$D = D(P)$として表すことができる。

　これに対し供給関数について，供給者がプライステイカーであることを前提に，利潤最大化行動において限界費用と価格が等しくなるため，供給曲線と限界費用曲線が一致する。そしてCBA理論では，供給曲線価格が，時間費用・燃料費・疲労等苦痛・通行料金などの「一般化費用」に変換して表される[13]。そして，これらの費用は可変的費用であることから，これを限界費用として捉えると，限界費用と価格は等しいので，限界費用関数を$P = MC(S)$とし，その逆関数を$S = S(P)$と設定することができる。

　そこで図表3.1のとおり，需要曲線と供給曲線の交点Aで消費者余剰と生産者余剰の合計が最大となる。CBA理論では，当該合計である社会的余剰を「便益」と称する。そして，「支払意思価額」の合計であるグロスの消費者余剰（□CAS'0）から，社会的費用（可変費用，図では供給曲線の下部領域）と固定費用（ここに建設費など社会資本形成のための支出が含まれる）を差し引いた貨幣的価額を「純便益」とする。

(2) 生産者余剰に包含される政府支出の価額

　以上によって，CBAに基づく「便益」測定の理論が説明された。次には，CBA理論における「便益」の計算プロセスを示して，便益価額（余剰概念に基づく）に包含される政府支出額の位置付け（関係式）について明らかにする。

　図表3.1で示された余剰概念において，「便益」の貨幣的価額は，グロスの消費者余剰（□CAS'0）から可変の社会的費用（△0AS'）を差し引いた社会的余剰（消費者余剰＋生産者余剰），すなわち△CA0である。他方，同概念における

費用の貨幣的測定値は，会計により測定される公共事業への支出価額であり，即ち固定費用である[14]。そこで，便益と費用の差額を純便益とすると，以下のような式が成立する。

便　益＝社会的余剰＝消費者余剰＋生産者余剰
　　　　＝グロスの消費者余剰－社会的費用……………………………①
費　用＝固定費用（政府支出額）……………………………………………②
純便益＝グロスの消費者余剰－社会的費用－固定費用………………③

ここにおいて，社会的費用は可変費用に等しいと仮定すると，③式は次のようになる。

純便益＝グロスの消費者余剰－（可変費用＋固定費用）………………④

グロスの消費者余剰から外部不経済となる社会的費用（すなわち可変費用）を差し引いた社会的余剰の価額が便益であり（①式），これから，公共事業費である固定費用を引いた差額が純便益である（③式）。すなわち純便益の価額は，グロスの消費者余剰と，総費用（固定費用＋可変費用）との差額である（④式）。

つまり①式において，グロスの消費者余剰から社会的費用を差し引いた価額が社会的余剰であり，これは消費者余剰と生産者余剰で構成されている。次に③式において，社会的余剰から固定費用を差し引いた価値が純便益となる。例えば公共事業であれば，消費者余剰と生産者余剰の合計から，固定費用である社会資本形成の貨幣価額（公共事業への投資額）を差し引いた価額が純便益である。ここで，社会資本形成のための支出は政府が行うものであることから，当該支出は生産者余剰（△P'A0）の一部を構成するものとなる。したがって生産者余剰には，⑤式で示されたとおり，供給者の利潤と政府が支出した貨幣の価額とが包含される[15]。

生産者余剰＝供給者利潤＋政府支出額……………………………………⑤

4.3　政府支出額（インプット）と成果（アウトカム）の理論的関係

以上により，CBA理論における純便益，即ちアウトカムの貨幣的測定値の概念が明らかにされた。そこで次に，CBA理論に基づき，政府支出額である

インプットと、「成果」として生じた便益であるアウトカムとの理論的関係について考察する。かりに、アウトカム測定値が政府支出額よりも小さくなる場合には、インプットに見合う「成果」が発現していないことになる。このような状態に至る可能性が理論上明らかにされれば、CBAに基づく便益（アウトカム）の測定意義が明確になる。なぜなら、便益が貨幣価額で測定されれば、これを政府支出額と比較でき、もし便益額が政府支出額よりも小さければ、当該政策の是非を再検できるからである。そしてこのことを論拠に「CBA理論に基づくアウトカムの貨幣的測定」を目標仮説の要素とすることができる。そこで以下では、政府支出額（インプット）と便益（アウトカム）の関係をCBA理論に基づいて示し、アウトカムの価額がインプットを下回るケースを、概念図によって明らかにする。

(1) 便益増加額が政府投資額を上回るケース

まず、便益増加額が政府投資額を上回るケースについて説明する。前節で述べたとおり、会計的測定値である政府投資額は、CBA理論において、生産者余剰の一部を構成するものである。すなわち図表3.2では、生産者余剰（△P_1A_1T）から政府投資額を引いた価額が便益であることが示されている。

ここで、政府が追加的に社会資本形成のための投資を行ったとすると、例えば道路整備においては、時間費用（その時間を仕事に充当できないため失う価値）、疲労や苦痛、燃料費などの社会的費用が減少するため、供給関数は下方にシフトする（図表3.2ではS_1からS_2にシフト）。

ここで、生産者余剰のうちの供給者利潤が、かりにゼロに近いものとする。すると生産者余剰（△P_1A_1T）は、ほとんど固定支出である政府投資額となるケースが想定されることになる。そして、新たに社会資本への投資が行われると、S_1からS_2へシフトし、総余剰（消費者余剰＋生産者余剰）は□TGA_2A_1だけ増加する。

これに対して政府投資額は、供給者利潤をゼロに近似とするので、最大で△P_2GA_2である。この場合、少なくとも総余剰である便益の増加が政府投資

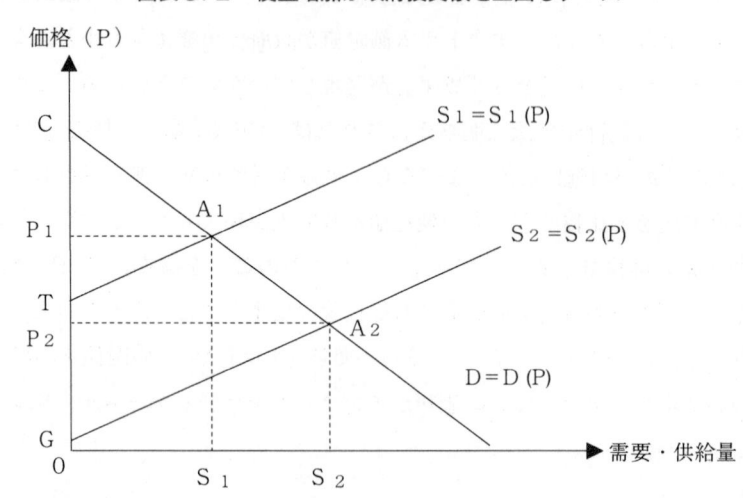

図表3.2 便益増加が政府投資額を上回るケース

価格（P）

C

$S_1 = S_1(P)$

P_1 ―――― A_1

$S_2 = S_2(P)$

T
P_2 ―――― A_2

$D = D(P)$

G

O S_1 S_2 需要・供給量

額を上回ることになる（図では，□$TP_2A_2A_1$だけ便益が上回る）。したがって図表3.2のケースでは，政府投資額よりも便益増加の貨幣測定値の方が大きく，換言すれば，政府投資額は，便益増加の最低値を示すことが明らかとなる。

(2) 便益増加額が政府投資額を下回るケース

次に，便益増加額が政府投資額を下回るケースについて説明する。政府投資支出による社会的費用減少の効果が十分でなかった場合には，便益増加額よりも当該支出額が多くなる。図表3.3において，政府が社会資本形成のための投資を行ったとすると，例えば道路整備においては，前項と同様，時間費用，疲労や苦痛，燃料費などの社会的費用が減少するため，供給関数は下方にシフトする（図表3.3ではS_1からS_2にシフト）。図3.2と比べると供給曲線の下方シフト幅が小さく，即ち一般化費用の減少が少ないことがわかる。

ここで前項と同様に，生産者余剰のうち供給者利潤の価額がゼロに近いものと仮定する。この場合には，生産者余剰（△P_1A_1T）は，ほとんど固定支出である政府投資額となるケースを想定することになる。そして，インフラへの投資が新たに行われると，供給関数はS_1からS_2へとシフトし，総余剰（消費者

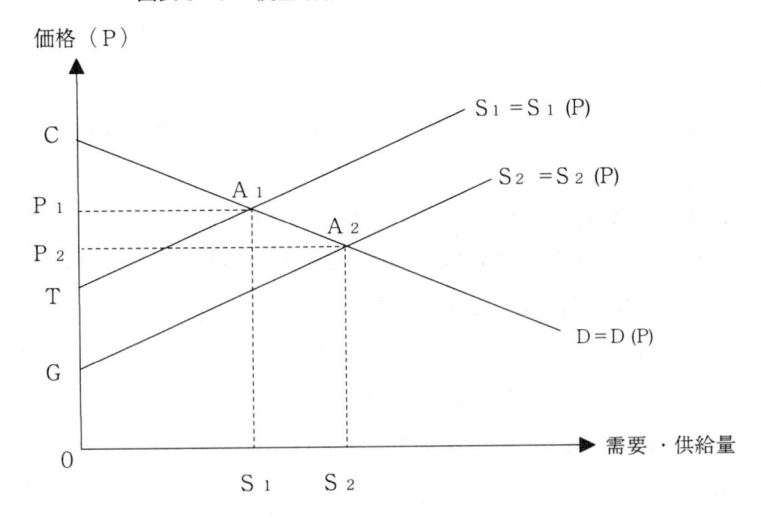

第3章 「業績測定」の抽出問題点に対する目標仮説の設定

図表3.3　便益増加が政府投資額を下回るケース

余剰＋生産者余剰）は，□TGA_2A_1の価額だけ増加する。

　これに対して政府投資額は，供給者余剰をゼロに近似とするため，最大で△P_2GA_2である。そこで図表3.3の場合，固定支出である新たな政府投資額（△P_2GA_2）が便益の増加額（□TGA_2A_1）を上回っているため，投資に見合う効果を上げることができなかったと判断される。つまり図表3.3のケース（一般化費用の減少が少ない）では，政府投資額よりも便益増加の貨幣価額の方が小さな値となる。換言すれば，政府投資額は便益増加に見合う貨幣価額を示していないことになる。

　このように，便益増加額が政府支出額を下回るケースが生じるとすれば，当該政策の是非について検証する必要がある。増加便益が政府支出額を必ず上回るとはいえないことから，ここに便益を貨幣価額によって測定することの意義を見出すことができる。

4.4　目標仮説の設定

　以上のように，政府支出額（インプット）と便益（アウトカム）の関係をCBA理論に基づいて考察した結果，アウトカムの価額がインプットの価額より少な

くなる可能性の存在が示された。貨幣価額に基づくアウトカム測定値が政府支出額よりも小さくなる場合，インプットに見合うだけのアウトカムが発現していないことになる。

ところが，ベンチマーキングによる，「成果」の達成度測定においては，何割をもって目標に到達したと見なすかが，設定者の主観によって判断されるに止まり，実際にどれだけのアウトカムが価額として生じたのかは明らかにできない。これに対し，CBA理論に基づいて測定された便益（アウトカム）の増加を貨幣価額で測定することによって，発現したアウトカムがインプット価額に見合うものであるかを査定することができる。そして，"円"を測定単位とすることにより，他組織との比較が容易となる。

したがって以上の考察から，結論として次のような目標仮説を設定することができる。

（目標仮説②）
　アウトカムの貨幣的測定により主観介在を回避して適正な査定を可能にする。

5．おわりに（設定された目標仮説）

以上の考察により，まず，前章（第2章）で抽出された複数の問題点が次の2点に統合された。
・期間衡平性査定のための負債変動情報およびコスト情報が必須的に表示されていない。
・アウトカムの測定値には主観が介在し，貨幣価額として表示されない。

そして各々に対して，次の2点の目標仮説が設定された。
① 将来に負担が転嫁される価額を政策評価システムで表示することにより，「説明責任」および「期間衡平性」査定の目的を達成することができる。

第3章 「業績測定」の抽出問題点に対する目標仮説の設定

② アウトカムを貨幣価額で測定することにより，主観介在を回避して，適正な査定を可能とする。

そこで次章以降では，まず，目標仮説①の検証を目途とし，期間衡平性の査定を達成する表示項目の措定を行う（第4章および第5章にて考察）。そして次に，目標仮説②を検証するために，アウトカムの貨幣的測定について考察し，政策評価システムで表示されるべき当該測定値を措定する（第6章および第7章にて考察）。

(注)
(1) Boardman etal.［2000］, 岸本監訳［2004］, 24頁。
(2) *Ibid.*, 岸本監訳［2004］, 25−26頁。わが国地方自治法第233条では, 普通会計の決算書類を首長に提出するが, かかる決算は収入済額の歳入合計と支出済額の歳出合計の差額を求めるための決算であり, 歳入歳出決算書で管理される（隅田［2001］, 172頁）。
(3) Stiglitz［2000］, 藪下訳［2003］, 377頁。
(4) Boardman etal.［2000］, 岸本監訳［2004］, 4頁。
(5) 交通工学研究会［2008］, 12頁。
(6) 費用便益分析の考察について詳しくは, 宮本［2010］を参照頂きたい。
(7) GASB［1994］は, 「場合によっては, 質的要件を満たすことによって, 『アウトプット』指標が『アウトカム』指標に変わることもある」（par.56 b）としており, 質的要件を満たしたアウトプットとアウトカムとを明確に区分することは必ずしも容易ではない。
(8) 例えば道路の整備・改良が行われた場合, 成果として「走行時間短縮便益」, 「走行経費減少便益」, 「交通事故減少便益」が貨幣的測定対象となる。これらの内容は, 国土交通省［2008］, 第2章に詳しい。
(9) 国土交通省［2008］参照。
(10) 道路投資の評価に関する指針検討委員会編［1998］, 45頁。
(11) 一般化価格（費用）とは, 時間費用, 燃料費, 疲労等苦痛, 通行料金などの社会的費用をいう（交通工学研究会［2008］, 51頁）。
(12) 同上書, 31頁。
(13) 金本他［2006］, 39頁。政府のサービスを需要する場合, 供給者としては時間費用, 燃料費, 疲労等苦痛, 通行料金などを供給に要する費用として意識する。したがって利用者の立場からは, これらの費用によって供給関数が形成される。これらの点は, 交通工学研究会［2008］, 51頁参照。

(14) ここで維持補修費については，交通量の影響を受けずほぼ一定であることから，建設費とともに固定費（FC）として扱い，費用（C）としている（交通工学研究会［2008］，50頁）。
(15) 同上書［2008］，50頁参照。

【参考文献】

Boardman, Greenberg, Vining and Weimer［2000］, *Cost – Benefit analysis*, Prentice Hall, 岸本光永監訳［2004］『費用・便益分析』ピアソン・エデュケーション。
Joseph E. Stiglitz［2000］, *Economics of the Public Sector*, W. W. Norton & Co. Inc. (NP), 藪下史郎訳［2003］『スティグリッツ公共経済学・上』東洋経済新報社。
GASB［1994］, *Service Efforts and Accomplishments Reporting*, Concepts Statement No. 2 of the Governmental Accounting Standards Board.
金本良嗣・蓮池勝人・藤原徹［2006］『政策評価ミクロモデル』東洋経済新報社。
交通工学研究会［2008］『道路投資の費用便益分析』交通工学研究会。
国土交通省［2008］「費用便益分析マニュアル」国土交通省。
隅田一豊［2001］『自治体行財政改革のための公会計入門』ぎょうせい。
道路投資の評価に関する指針検討委員会編［1998］「道路投資の評価に関する指針（案）」日本総合研究所。
宮本幸平［2010］「『費用便益分析』による政府会計情報の測定・表示」『神戸学院大学経営学論集』第7巻第1号。

第4章
期間衡平性査定の「目的」を達成する政策評価システムの「コスト情報」

1．はじめに（考察の目的）

　本研究全体の目的は，序章で述べたとおり，政策評価システムの業績測定・評価に対する問題点（内在問題）を抽出し，当該解決のための目標仮説（本研究では「当為」と同義）を設定し，当該検証によって，演繹的推論で必然的な結論を導出しようとするものである。すなわち「規範演繹的研究」を前提としている。

　まず第2章の問題点抽出において，アウトカム測定値に関する問題点（アウトプットとアウトカムの測定値の同視化，およびアウトカム測定値の主観介在）とともに，インプット測定値に対する問題点が抽出された。即ちこれは，政策評価の「目的」である「期間衡平性査定のための情報提供」を達成するための，将来年度の納税者に転嫁される負債変動情報，および負債性引当金繰入情報（コスト情報）が，必須的に表示されていないことであった。

　次に第3章において，当該問題点の解消を目途とする目標仮説について考察された。ここでは，会計上のコスト情報および負債変動情報を測定・表示することにより，将来に転嫁される負担価額を把握でき，「期間衡平性」およびその上位概念である「説明責任」の査定が可能となることが説明された。そして，政策評価システムにおいて「将来転嫁価額を表示することにより，説明責任と期間衡平性査定の目的を達成する」という目標仮説が設定された。

そこで当該目標仮説に基づき，本章（第4章）で「コスト情報」，次章（第5章）で「負債変動情報」につき，説明責任および期間衡平性の査定を達成する政策評価システムの表示項目を措定していく。

本章ではまず，説明責任概念および期間衡平性概念に包摂される意義と，当該査定を全うするための政府全体財務書類の表示項目について明らかにする（第2節）。次に，わが国総務省および東京都によって規定されている「行政コスト計算書」を概観し，政府全体コスト情報の表示項目の特質と，具備される期間衡平性の査定機能について把握する（第3節）。そして，行政コスト計算書に表示されるコスト項目を参酌しつつ，セグメントでありかつ予算執行単位である「事務事業」の業績評価において，期間衡平性査定を達成するコスト情報が如何なるものであるかにつき規範演繹的考察を行い，当該項目を措定する（第4節）。

このように，情報利用者が期間衡平性を査定するため政府全体財務書類でどのようなコスト項目が表示されているかを明らかにしたのち，セグメントである「事務事業」で如何なるコスト情報が表示されるべきかを示していく。

2．期間衡平性の意義と査定に要する情報

以上のように本章では，政策評価システムの問題点に対する目標仮説である「将来転嫁価額の表示により説明責任と期間衡平性査定の目的を達成する」ことの可否を，規範演繹的考察によって検証する。特に本章は，将来転嫁価額となる「コスト情報」を考察の対象とする。最初に，政府活動の会計情報における，「説明責任」および「期間衡平性」の概念を説明し，当該査定を全うする政府全体財務書類の概要を説明する（具体的な項目の考察は次節で行う）。

2．1　「説明責任」と「期間衡平性」の概念

アメリカ政府会計基準審議会（Governmental Accounting Standards Board：以下，GASB）が規定する概念書第1号では，政府会計の基本目的として，「説明

第4章 期間衡平性査定の「目的」を達成する政策評価システムの「コスト情報」

責任」概念が政府におけるすべての財務報告の基礎であるとし (par.56),「期間衡平性」概念が, 説明責任の重要な一部を構成すると同時に行政運営の基礎をなすものと考える (par.61)。

政府会計において, 制度の構成要素となるのは, 法令, 会計基準, 行政運営機関などであり, 行政運営機関による法令および会計基準の発動によって具現化する行為が「財務報告」である。そして, 財務報告の手段となるのが, 財務報告書における会計情報の「表示」である。財務報告の任務（目的）が「説明責任」であるとすれば, これを担う行政運営機関の任務の一つも「説明責任」ということができる[1]。

具体的な「説明責任」の内容について, 連邦会計基準諮問審議会 (Federal Accounting Standards Advisory Board：以下, FASAB) では, 四つの「基本目的」（予算遵守・活動業績・受託責任・システムとコントロール）を査定できる情報が「説明責任」が全うする情報であると考える[2]。

そして,「説明責任」の重要な一部を構成すると同時に行政運営の基礎をなすのが「期間衡平性」概念であり, 当該含意が,「説明責任」の履行を達成するための重要な要素になる。つまり,「期間衡平性」概念を財務報告に包含させることによって「説明責任」が全うされる[3]。多くの地方政府関連法規は, 期間的に衡平な予算の達成を要請し, 財力の範囲内での運営を求める[4]。かかる均衡予算法制の趣旨は,「当該年度のサービスに関わる支出負担を, 将来年度の納税者に転嫁するようなことがあってはならない」[5]というGASBの規定に集約される。

こうして, 政府会計における「期間衡平性」概念は, 財務報告の予算調整機能を裏付けるものとなり,「説明責任」の含意を指し示す鍵概念となり得ている[6]。

2.2 「期間衡平性」の査定に要する表示情報

以上のように,「期間衡平性」の観点からは, 当該年度のサービスに関わる支出負担を将来年度の納税者に転嫁してはならないことが明らかとなる。

期間衡平性を，財務書類の表示情報によって査定しようとすれば，まず貸借対照表における区分の総額を把握する必要がある。即ち，資産総額と負債総額の差額（通常，純資産と呼ぶ）が過去の住民負担分を表し，負債の総額が将来の住民負担分を表している[7]。そして，「期間衡平性」の査定は，貸借対照表における，負債総額と純資産総額の対比（当該年度比較）によって達成される。

　このなかで，インフラ資産（社会資本形成への投資）の財源である負債（公債など）については，将来の住民にもサービスが提供されるため，期間衡平性が損なわれないという見解がある。しかし，価値が減耗・減衰した特定資産の便益・サービスを受けながら，過去と同等の負担を持つことになるため（均等に償還する場合を仮定），実質的には将来に負担が転嫁される。また，これに対する維持補修費用についても，将来に負担がかかることになる。他人資本を財源とする政府投資は，当該負債の償還価額（要返済額）が一定であるのに対し，受領する便益価額（受け取るサービス価値）が減少して期間衡平性が損なわれるのである。

　他方，政府全体のフロー情報，即ち現金等の資産の増減に対する名目項目を表示する財務情報において，当該年度のコスト総額（現金支出総額ではない）は当該期間のサービス提供価額であり，当該年度の収入総額は当該期間のサービスを賄うために住民等から徴収され税金が主な要素である。そしてこの「差額」が，会計年度間の期間衡平性査定のための情報となる。

　つまり，収入は当期の住民負担分（すなわち税収）であり，コストも当期の負担分（すなわち被提供サービスのコスト）であり，その差額が，収入超過の場合には取り過ぎた税収を，コスト超過の場合には将来住民への転嫁分を表すことになる[8]。したがって，期間衡平性を査定するには，コスト超過の場合の当該「差額」を測定・表示することが有効な手段となる。

第4章　期間衡平性査定の「目的」を達成する政策評価システムの「コスト情報」

3．わが国公会計における「行政コスト計算書」の表示項目

　以上により，説明責任および期間衡平性の概念説明と，先行研究に基づく，当該査定に必要な表示情報について示された。当該情報の一つは，収入とコストの「差額」であった。そこで次にはこれを念頭に置きつつ，わが国総務省および東京都が規定する「行政コスト計算書」をそれぞれ概観し，期間衡平性の査定を可能とするコスト情報を措定する。

3.1　総務省「行政コスト計算書」の表示項目

　わが国において，行政コスト情報の測定・表示に係る会計制度として，平成13年3月に総務省「地方公共団体の総合的な財務分析に関する調査研究会」（以下，調査研究会）によって計算書の作成手法が公表され，続いて平成18年に「新地方公会計制度研究会」（以下，制度研究会），平成19年に「新地方公会計制度実務研究会」（以下，実務研究会）により，それぞれ報告書が公表されている[9]。

(1)　「調査研究会」が規定する行政コスト表示項目

　調査研究会は，政府の収入とコストを表示する計算書を「行政コスト計算書」と称する。そしてこれには，資産形成につながらない年度行政サービスの提供状況を住民に説明する機能があると規定する[10]。即ち，「把握したコストでどのような行政活動が展開され，この結果どのような効果が上げられたかを評価することができれば，コストを対比させることにより，行政活動の効率性を検討することができる」[11]と説明する。さらに，「利益を目的として活動している企業においては，損益計算書で売上原価を費用として算出し，それを損益計算の基礎とするが，営利活動を目的としない地方公共団体においては，そうした損益計算ではなく，あるサービスにどれだけのコストがかかっているかなど行政コストの内容自体の分析を行なう」[12]ことが有効としている。

したがって調査研究会では，収入とコストの「対応」を図る企業会計的な測定観を計算書に取り込むことに消極的と推察できる。そもそも，自治体の行政活動では収支余剰の最大化が目的ではなく，税収および移転収入を財源とする予算の策定と，予算範囲内での行政執行を第一義とする。そのため，支出を上回る余剰の獲得は余り意識されず，差額について住民に説明する意図は生じにくい。かかる事情から，行政コストの内容自体を住民に表示するという理念が生じたと考えられる。

　こうして，収入・支出測定値を表示する行政コスト計算書では，横軸に「目的別経費」，縦軸に「性質別経費」を配したマトリックス表の形式が採られている。

　横軸の「目的別経費」は，総務費・教育費・民生費・農林水産業費・土木費・議会費・衛生費・労働費・商工費など行政分野ごとに分類される。そしてマトリックスの縦軸の「性質別経費」は，「人にかかるコスト」・「物にかかるコスト」・「移転支出的なコスト」・「その他のコスト」に分類されている。「性質別経費」の表示項目は，次のとおりである。

　　（人にかかるコスト）　　　人件費・退職給付費用・議員歳費など
　　（物にかかるコスト）　　　物件費・消耗品費・維持補修費・減価償却費など
　　（移転支出的なコスト）　　扶助費・補助費等・繰出金・普通建設事業費など
　　（その他のコスト）　　　　災害復旧費・失業対策費・公債費（利子分）・資産売却損・債務負担行為繰入・不納欠損額など

　また，調査研究会が規定する行政コスト計算書では，収入項目も表示対象であり，「使用料・手数料等」・「国庫（都道府県）支出金」・「一般財源」に区分表示される。ここで国庫（都道府県）支出金は，資産形成に資する支出金以外の支出金であり受け取り手の財源である。そして，資産形成に係る支出金については別途，バランスシートの正味資産に残高として計上される。また一般財源は，地方税・地方贈与税・地方消費税交付金・地方交付税などの収入である。

第4章　期間衡平性査定の「目的」を達成する政策評価システムの「コスト情報」

(2)　「制度研究会」および「実務研究会」の発足と報告書の公表

　こうして，調査研究会の規定に基づく公会計計算書が各自治体で普及するなか，平成17年12月に小泉内閣閣議決定で政府の資産・債務改革が企図され，平成18年6月に「行政改革推進法」の施行によって「企業会計の慣行を参考とした貸借対照表その他の財務書類の整備に関し必要な情報の提供」を行う旨が規定された（平成18年法律第47号）。かかる状況下で総務省は，平成18年5月に計算書作成の規定を記した「新地方公会計制度研究会報告書」を公表した。

　さらに，当該報告書が公表された直後の7月には，同内閣閣議決定で「経済財政運営と構造改革に関する基本方針」が打ち出され，地方公会計モデルの導入に向けて，計画的に整備を進めるよう監督官庁に要請を行った。これを受け同年8月に，総務事務次官通知で「地方公共団体における行政改革の更なる推進のための指針」が出され，報告書に示された公会計モデルを活用した，財務書類の整備や資産・負債改革に関する具体的な施策策定を各自治体に指令した。

　そこで総務省は，平成18年7月に「新地方公会計制度実務研究会」を発足させ，制度研究会報告書（平成18年）で示されたモデルの実証的検証および資産評価方法等の諸課題検討を行ったうえで，平成19年10月に財務書類作成や資産評価に関する実務的な指針を「新地方公会計制度実務研究会報告書」として新たに公表した。

(3)　「実務研究会」が規定する表示項目

　以上のように，調査研究会および制度研究会の規定を基盤として作成・公表された実務研究会の規定が，現時点（平成25年）での最終成果である。特に制度研究会報告書において，内部管理強化と理解可能性の高い財務情報開示のため費用管理を中心に掲げる点に着目できる（制度研究会報告書・総括第1段）。ここでは収入・支出測定値を表示する行政コスト計算書について，企業会計のような費用・収益対応に基づく損益計算とは異なり，あくまでコストの測定・表示が第一義とされる。かかる測定観は，当初の，調査研究会で示された行政コスト計算書の規定をふまえたものとなっている。

ただし,調査研究会から変更された点もあり,それは,費用・収益の取引高を明らかにすることを目的とし(制度研究会報告書・第153段),調査研究会が規定していた税収と資本移転収入を,「非損益取引」として捨象したことである[13]。これにより,表示される積極項目は経常業務収益と経常移転収入に限定される。

こうして,制度研究会の行政コスト計算書では,「損益取引」のみが測定・表示の対象となる。しかし,複式計算を前提とすれば,残高(ストック)となる資産・負債の変動をもたらす,資本的支出や移転取引などの非損益取引も計上する必要がある。このため制度研究会報告書では,資産・負債変動の原因を表す名目勘定の測定値につき,損益計算とそれ以外とに峻別し,行政コスト計算書から除外された非損益取引については,純資産増減計算書での計上・表示を要求している[14]。

さらに,実務研究会では,制度研究会報告書に対する検証を実施し,経常収益の部における「経常移転収入」を表示項目から削除して,これを純資産変動計算書に計上する。この措置は,国際公会計基準審議会(International Public Sector Accounting Standards Boards:IPSASB)の基準書第23号における「非交換取引」(Non-Exchange Transactions)概念を踏襲したものであり,経常移転収入がこの取引にあたることから,行政コスト計算書では当該項目が除外される[15]。

こうして,実務研究会報告書では,行政コスト計算書において経常費用と経常収益のみを表示し,積極項目である税収とすべての移転収入(すなわち資本移転収入と経常移転収入)が表示対象外とされる[16]。そして,消極項目を「経常費用」とし,これを「経常業務費用」と「移転支出」に分類する。経常業務費用はさらに「人件費」・「物件費」・「経費」・「業務関連費用」に分類される。移転支出は「他会計への移転支出」・「補助金等移転支出」・「社会保障関係費等移転支出」・「その他の移転支出」に分類される。

以上より,総務省[2007]で示された行政コストの表示項目は,図表4.1で示すとおりである。

第4章　期間衡平性査定の「目的」を達成する政策評価システムの「コスト情報」

図表4.1　総務省が規定する行政コスト

1．経常業務費用
①　人件費
議員歳費
職員給料
賞与引当金繰入
退職給付費用
その他の人件費
②　物件費
消耗品費
維持補修費
減価償却費
その他の物件費
③　経費
業務費
委託費
貸倒引当金繰入
その他の経費
④　業務関連費用
公債費（利払分）
借入金支払利息
資産売却損
その他の業務関連費用
2．移転支出
①　他会計への移転支出
②　補助金等移転支出
③　社会保障関係費等移転支出
④　その他の移転支出

(4) 計算書間の連携構造に基づく行政コスト計算書の表示内容

　総務省［2007］の規定では，財務書類の体系を，貸借対照表，行政コスト計算書，純資産変動計算書，および資金収支計算書とする。そして行政コスト計算書は，純資産変動計算書の表示項目である「純経常費用」の内訳明細が表示される（図表4.2参照）。つまり，行政コスト計算書の積極・消極項目の差額でかつ最終表示項目となる「純経常費用」は，行政コストから受益者負担を差し引いた，財政措置を要する価額であり，これが純資産変動計算書と連携するので，当該項目の期中増減内訳が，行政コスト計算書の表示内容となる。

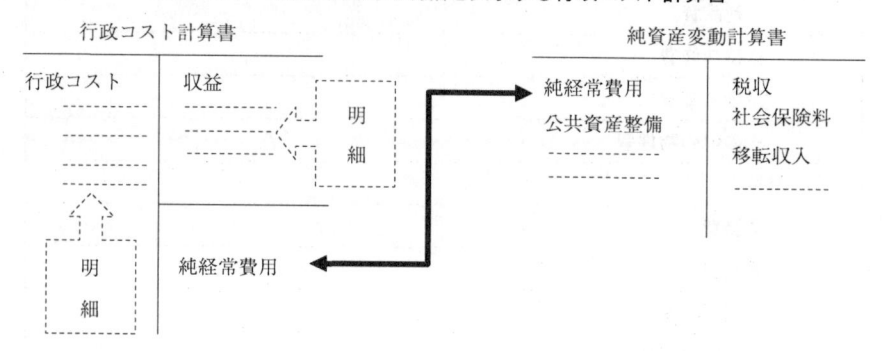

図表4.2　純経常費用の明細を表示する行政コスト計算書

行政コスト計算書　　　　　　　　　　　　　　純資産変動計算書

行政コスト	収益		純経常費用	税収
	明細	→	公共資産整備	社会保険料
				移転収入
明細	純経常費用	←		

3.2　東京都「行政コスト計算書」の表示項目

　東京都は，平成18年4月に，日常の会計処理において，複式簿記および発生主義会計を全庁的に導入した[17]。このなかで行政コスト計算書については，「一年度間における行政活動に伴うすべてのコストと，当該活動から得られた収入（使用料，手数料等）及び税収等を金額により表示したもの」と規定される[18]。そして，現金支出に基づくコストのみでなく，資産の保有・売却・除却，引当金繰入れなどに伴う非現金のコストが計上される。即ち，年度の行政活動に係るすべてのコストが表示されることになる。

　表示項目として，毎年度生じ得る収入および支出を「通常収支」として区分し，臨時に生じる収入および支出を「特別収支」とする。そして「通常収支」

第4章　期間衡平性査定の「目的」を達成する政策評価システムの「コスト情報」

のうち，行政活動から生じるものを「行政収支」とし，支払利子等の資金調達費用や受取利息を「金融収支」とする。コストの表示項目は，次のとおりである。

　（主な行政費用）　税連動経費，給与関係費，物件費，維持補修費，扶助費，補助費等，投資的経費，繰出金，減価償却費，引当金繰入額
　（主な金融費用）　公債費（利子），都債発行費
　（主な特別費用）　固定資産売却損，固定資産除去損，その他特別費用

　前述した総務省の規定では，財源措置額である地方税，地方譲与税・交付金，国庫支出金などの行政収入が，純資産変動計算書に「純経常費用への財源措置」として表示されるのに対し，東京都では，これが行政コスト計算書に表示される。したがって，収入とコストの差額である「当期収支差額」は，企業会計／損益計算書の「当期純利益」に近似する積極・消極差額となる。そしてこれが，正味財産変動計算書の「その他剰余金」に連携（加算）され，都市施設の整備や都債償還等に充てられる[19]。

3.3　期間衡平性を査定するコスト情報の措定

　以上により，政府全体の行政コスト情報の表示項目と表示構造（背後にある計算構造）が明らかとなった。活動のコストおよび収益を表示する行政コスト計算書の機能は，次のとおりである。

　① 現金の出入りに関係なく，発生主義に基づく「発生」コストの測定・表示を行うため，活動で生じるコストが把握できる。
　② コストと収益（総務省・基準モデルでは税収・移転収入を含まない）の差額である「純経常費用」が表示され，純資産の減少価額が明らかとなる。そこで，当該減少に対する財源措置額が把握できる（総務省の計算書の場合）。

　そして上記①について，発生主義会計に基づいて測定・表示されるコストの項目は，賞与引当金繰入，退職給付費用，減価償却費，貸倒引当金繰入などで

ある。これら科目の測定・表示により，行政活動という「努力」（会計理論における「原価」を含意）に起因する，現金支払い以外の，資産の流出もしくは減損，または負債の発生による経済的便益またはサービス提供能力の減少価額が把握される。

このなかで，期間衡平性を査定するための表示項目とは，将来に負担が転嫁される価額を示す項目である。当該期間に支出された「現金」勘定に対する名目勘定は，多くの場合に当期（もしくは短期的将来）の負担に属することが明確であり，将来に転嫁されることは少ない。これに対し，発生主義に基づくコストは，当期に「現金」支出が生じず，かつ将来に負担が転嫁されることになる（減価償却費を除く）。

大塚［2012］の論考によれば，地方政府におけるコスト情報は，「現金支出でかつ消費」であるコストと，「現金支出のない消費」であるコストとに分類され，具体的には，減価償却費と退職給付引当金繰入が後者のコストに含められる[20]。減価償却費は，過去において整備された施設・設備が現在に至るまで長期的に使用されていることを示し，退職給付引当金繰入は，地方政府の活動が将来に向けて複数年度にわたって継続することを前提とする[21]。そして，現金支出とコストとのこうした「ズレ」は，地方政府の行財政運営における短期的視点と中長期的視点との「ズレ」でもある[22]。

そしてこのなかで，退職給付引当金繰入が，将来にわたる活動に対する当該年度の負担価額を示すことになる。実際に，現金支出は将来に「ズレ」として生じるため，当該項目は将来に負担が転嫁される。そこで，期間衡平性を査定する情報としてこれを措定することができる。

また，東京都の行政コスト計算書では，収入とコストの差額である「当期収支差額」が表示される。これは，企業会計／損益計算書の「当期純利益」に相当する項目であり，総務省の行政コスト計算書では除外された，地方税，地方譲与税・交付金，国庫支出金などの行政収入を含む収支差額である。本章2.2で示されたとおり，政府全体の行政コスト計算書では，収入超過の表示価額は取り過ぎた税収を，コスト超過の表示価額は将来住民への転嫁分を表す。即ち，

第4章　期間衡平性査定の「目的」を達成する政策評価システムの「コスト情報」

コスト超過の場合，当該金額は将来に転嫁されることになるため「当期収支差額」がマイナスであれば，将来に対し負担が転嫁されたことが明らかとなる。したがって「当期収支差額」を，会計年度間の期間衡平性査定の情報として措定することができる。

4．期間衡平性を査定する政策評価のコスト表示項目

　以上により，行政コスト計算書において，期間衡平性の査定機能を具備する表示項目が措定された。そこで以下ではこれを参酌しつつ，政策評価の最小管理単位である「事務事業」[23]のコスト情報を考察対象とする。まず，「退職給付費用」および「収支差額」につき，事務事業評価においても期間衡平性を査定する表示項目として適用され得るかを考察する。次に，わが国における事務事業評価の表示項目につき，いくつかの事例を概観する。こうして，「政策評価において将来負担転嫁価額を表示して期間衡平性を査定する」という目標仮説に対し，「退職給付費用」と「収支差額」が表示項目として妥当であるかを検証する。

4．1　「事務事業」の期間衡平性査定を達成する表示項目

　前節（3.3）においては，政府全体の行政コスト計算書における期間衡平性査定のための表示項目として，「退職給付費用」および「当期収支差額」が措定された。ここではそれぞれが，事務事業の評価においても表示が妥当であるかを検証する。

(1)　退職給付費用

　退職給付費用は，複式計算に基づいた相手勘定が退職給付引当金であり，即ちこれは「負債」である。負債性引当金として債務が認識され，当該名目勘定として引当金繰入費用である当該項目が認識される。実務上は，「人に対する支出」として，行政担当者に対して将来支払われる退職給付の当該年度発生コ

ストが，行政コスト計算書に計上される。

そこで，事務事業の業績評価においても，事業担当者に将来支払われる退職給付の配賦額が，間接経費として測定・表示され得る。発生主義に基づく価額のため当年度に現金支出が生じず，将来に支払われる価額であるがゆえに，期間衡平性の査定機能を具備するものとなる。

したがって，次に考察すべき点は，政府全体の退職給付費用をセグメントである事務事業に配賦することの妥当性である。これについて，GASB基準書第34号では，「プログラム」[24]に対する間接費の配賦を是認している。GASB第34号が規定する「活動計算書（Statement of Activities）」の概略は図表4.3のとおりであり，「プログラム（施策）」ごとに，費用（Expenses），間接費（Indirect Expenses Allocation），プログラム収入（Program revenues）が表示される。

図表4.3　GASB［1999］が規定する「活動計算書」の表示内容（概略）

プログラム（施策）	費　用	間接費	収　入	純費用
道路事業				
公共安全対策				
公園整備				
健康事業				
教育事業				
・・・・・・・・・				
・・・・・・・・・				

このうち「費用」は，プログラムの直接費（Direct Expences）を意味し，特定の機能に明確に限定できるものである（par.41）。そしてGASBは，基本的な表示を「費用」のみとしつつ，「間接費」を別途表示することを認めている[25]。そこで退職給付費用は，事務事業担当者の退職給付引当金（負債）に対応する繰入コストであり，「間接費」と考えることができるため，当該表示が是認され得る。そしてこれは現金支出のない消費で，「ズレ」（3.3で説明）として当該価額の現金支出が将来に生じるため，期間衡平性の査定において有効な表示

第4章 期間衡平性査定の「目的」を達成する政策評価システムの「コスト情報」

項目となる。

(2) 当期収支差額

　前述（3.3）のとおり，政府全体の行政コスト計算書で表示される収支差額において，収入超過の場合には取り過ぎた税収を，コスト超過の場合には将来住民への転嫁分を表す。したがって「当期収支差額」が，会計年度間の期間衡平性を査定するための情報となる。コスト超過の場合，当該金額は将来に転嫁されることになるため，「当期収支差額」がマイナスであれば，将来に対し負担が転嫁されたことが明らかとなる。

　そしてこれを，「事務事業」にセグメント化した場合，政府全体の「収入」に相当するのは，当該事業に対する予算措置額である。また「コスト」に相当するのが，人件費，物件費などの直接経費と，当該事業に賦課される間接費である。

　ここで着目すべき点として，「事務事業」は独自で収入獲得を目指すのではなく，事前に予算額（即ちインプット価額）が決められ，これに基づいて支出（アウトプット）が執行される。つまり，インプット価額が始めから決定されており，これを財源として事業執行のためのアウトプットを行う。そのため，かりに収支差額がマイナスになったとしても，政府全体での財源調整が可能である。ただし，予算を超えた支出が為された場合，別途に財源を要するのは明らかである。そしてこれが，公債発行の要因となる場合もある。したがって，政策評価システムにおける「事務事業」評価において，「当期収支差額（予算超過額）」は期間衡平性査定の機能を具備するものと考えることができる[26]。

4.2　期間衡平性を査定するコスト情報の事例

　以上，本章冒頭からの考察により，期間衡平性を査定する政策評価システムの表示項目として，「退職給付費用」および「当期収支差額」が措定された。当該情報の表示により，目標仮説である「将来負担転嫁価額を表示して期間衡平性を査定する」ことができ，「期間衡平性」の上位概念である「説明責任」

の査定の一端を担うことが可能となる。

　ただしこうした結論は，会計理論に基づく規範演繹的考察により導出されたものであり，情報利用者が具体的にどのようにして期間衡平性を査定するかについては，別に考察を要するものである。実運用においては，当該価額が過去の複数年に渡って表示することにより，将来に現金が支払われる（負担が転嫁される）価額の累計状況を把握することができる。

　さらに，演繹的考察により導出された結論に対しては，事実の観察から導出される，普遍性・妥当性の所在を確認する必要がある。さしあたり，現時点（平成25年）において退職給付費用および収支差額を事務事業評価システムで表示する地方政府の事例を示すことにする。

　東京都では，政策評価システムにおいて「事務事業」単位の行政コスト計算書が作成される。そして行政費用の構成要素として，「うち退職給与引当金繰入額」が表示される。さらには，「収支差額」が表示されており，将来に負担が転嫁される可能性のある価額を継続的に把握することができる。概要は，図表4.4で示すとおりである。

図表4.4　東京都・事務事業評価における「行政コスト計算書」の概要

科目
行政収入
うち国庫支出金
行政費用
うち給与関係費
うち退職給与引当金繰入額
通常収支差額
特別収支差額
当期収支差額

出所：東京都［2012］，58頁。

　また藤沢市では，「事務事業評価シート」／「3．コスト分析」において，「現金を伴わない支出」の一つに「退職給付引当金繰入」が表示される。即ちここでは，現金を伴う支出と発生主義に基づく現金を伴わない支出が類別され

第4章　期間衡平性査定の「目的」を達成する政策評価システムの「コスト情報」

表示されている。

　このように，東京都の事務事業評価システムでは，人件費の内訳としての退職給付費用と当期収支差額を顕在化して表示し，藤沢市でも，「現金を伴わない支出」に当該コストを含めて表示している。特に退職給付費用について，何らかの項目，例えば「人件費」や「その他の費用」に含めることも可能でありながら，当該項目を独立表示している点に着目すべきである。これにより，将来に負担が転嫁されて現金が支払われる価額を把握することができる。そして，過去複数年に渡って表示されていれば，将来負担がどのように推移していくのかについて予測し，期間衡平性を査定することが可能となる。

5．おわりに（考察で措定された表示項目）

　以上のとおり本章では，抽出問題点である「期間衡平性査定のための情報提供を全うするための，将来年度の納税者に転嫁されるコスト情報が必須的に表示されていない」ことにつき，目標仮説に設定された，政策評価システムにおける「将来負担転嫁額の表示により説明責任と期間衡平性の査定を可能にする」ことを検証するために，規範演繹的考察を行った。

　そして，事務事業の政策評価において，間接経費として担当者に将来支払われる退職給付の，事業への配賦額を表示することで，期間衡平性の査定機能を具備することが明らかにされた。また，収支差額（もしくは予算超過額）を表示することで，同様の査定が可能であることが示された。

（注）
(1)　宮本［2007］，59頁。
(2)　FASAB［1995］，par.6.
(3)　宮本［2007］，59-60頁。
(4)　「期間衡平性」が行政運営の基礎をなすものと位置づけられたのは，アメリカで，19世紀から20世紀初頭にかけて歳出と地方債発行の濫用を経験し，この経験から予算制度，会計・財務報告制度，起債制限制度が形成されたことに起因する（GASB［1987］，par.81.）。

(5) GASB［1987］, par.60.
(6) 藤井［2005］, 9頁。
(7) さらに，固定資産の一部であるインフラ資産は，将来における維持補修のための支出が伏在するため，表示された当該資産の価額にも将来における住民負担分が含意される。ただし，固定資産については，将来の住民がその用役潜在力を享受することができる。これは，将来住民の負担分となる負債とは異なる事項である。
(8) 陳［2003］, 204頁。
(9) 平成20年度決算において，都道府県で85.1％，市区町村で63.1％が総務省の報告書に基づいて行政コスト計算書を作成・開示している（総務省［2010］, 11頁）。
(10) 総務省［2001］, 1頁。
(11) 同上稿［2001］, 2頁。
(12) 同上稿［2001］, 2頁。
(13) 非損益取引とは，①支出の対価である財貨または役務が当該会計年度を越えて役立ち消滅する取引（資本的取引），②扶助費や補助費のように対価性がない移転・分配などの取引（非交換取引）をいう（日本公認会計士協会［2003］, 5-8頁）。かかる非損益取引につき日本公認会計士協会において，制度研究会報告書公表の前段階で論点考察が行われている。ここでは当該取引について，国民の生活に影響を及ぼすものであるため会計情報の測定対象に含めるべきであること，読者の見易さを損なわなければネット・ポジション変動を含めて問題ないこと，政府の財務諸表は経済資源のフローや総財務資源のフローを把握する機能があり非交換取引を区分する必要がないこと等が指摘されている（同上稿［2003］, 5-6頁）。
(14) また，制度研究会規定では，収入・支出測定値を表示する別の計算書として，資金収支計算書を新たに規定する。これは，政府内部者（首長・議会・補助機関等）の活動による資金の期中取引高を表示するものであり，資金利用状況および資金獲得能力を評価するものである（制度研究会報告書・第71段）。ここでの資金概念は，現金および現金同等物より構成される（同・第72段）。測定・表示値につき実務研究会規定では，「経常的収支」・「公共資産整備収支」・「投資・財務的収支」に峻別される。そして企業会計と同様に，期末の収支差額が貸借対照表の現金および現金同等物と連携する計算構造となっている。
(15) 総務省［2007］, 18頁。
(16) このように，調査研究会規定で収入項目に挙げられていた国庫（都道府県）支出金および一般財源が制度研究会規定で捨象され，さらに実務研究会では経常移転収入が除外されている。つまり当初は，行政コストに対しどの程度が収入で賄えたかを差額により明示したが，最終的には，行政コストという「努力」に対する対価である受益者負担のみを「成果」と捉え，税収および移転収入を除外したことになる。これにより，計算書に表示される差額は，収益以外で賄う価額であり，換言すれば「努力」によらない移転的収入で賄う価額である。そして，当該差額は純資産変動計算書と連携し，ここで資産・負債変動の名目（原因）として純経常行政コストへの財源措置価額を明らかにする。すなわち，行政コストに税金および移転収入がどれだけ充当された

第 4 章　期間衡平性査定の「目的」を達成する政策評価システムの「コスト情報」

かが純資産変動計算書で把握できる。

　したがって，積極項目は「経常業務収益」に限定され，これを「業務収益」と「業務関連収益」に分類する。業務収益は主に「自己収入」であり，サービス対価として徴収される使用料・手数料が該当する。業務関連収益は主に「受取利息等」・「資産売却益」・「その他の業務関連外収益」である。

⑰　東京都［2006］，1頁。ここでは，総務省・調査研究会報告書に基づく財務諸表につき，官庁会計方式による決算数値を組み替えて作成されたものであるため，速やかに作成できず，また個々の事業を分析する手段としても一定の限界があることを指摘している。
⑱　東京都［2006］，12-13頁。
⑲　東京都［2009］，6頁。なお，正味財産変動計算書（総務省では純資産変動計算書）は，貸借対照表の正味財産の部の変動状況を示したものであり，正味財産がどのような要因で増減しているのかを明らかにする。詳細は次章（第5章）で説明されている。
⑳　大塚［2012］，68頁。
㉑　同上稿［2012］，69頁。
㉒　同上稿［2012］，69頁。
㉓　第1章でも示されたとおり，政策評価システムは，「政策－施策－事務事業」の3階層の体系となっている。詳しくは宮本［2003］，94頁を参照。
㉔　政策評価システムの体系のなかで，一般に「政策（狭義）」は"Policy"，「施策」は"Program"，「事務事業」は"Project"と訳される（東［2001］，104頁参照）。
㉕　GASB［1999］，par. 44. また，A. Crawford and D. Loyd［2009］，chap 20, pp. 29-30を参照。
㉖　例えば札幌市の「事業評価調書」では，予算と決算それぞれについて財源項目が表示されている。

【参考文献】

A. Crawford and D. Loyd［2009］，*Governmental GAAP GUIDE for State and Local Governments*，CCH.
FASAB［1995］，*Entity and Display*, Statement of Federal Financing Accounting Concepts No. 2，藤井秀樹監訳［2003］『GASB／FASAB公会計の概念フレームワーク』中央経済社。
GASB［1987］，*Objectives of Financial Reporting*, Concepts Statement No. 1 of the Governmental Accounting Standards Board，藤井秀樹監訳［2003］『GASB／FASAB公会計の概念フレームワーク』中央経済社。
―――［1999］，*Basic Financial Statements - and Management's Discussion and Analysis - for State and Local Governments*, Statement No. 34 of the Governmental Accounting Standards Board.
東信男［2001］「我が国の政策評価制度の課題と展望」『会計検査研究』第24号。
大塚成男［2012］「地方公共団体におけるコスト情報の意義」『会計検査研究』第46号。

総務省［2001］「地方公共団体の総合的な財務分析に関する調査研究会報告書」総務省。
─────［2007］「新地方公会計制度実務研究会報告書」総務省。
─────［2010］「新地方公会計の現状について」総務省。
陳琦［2003］「発生主義に基づく自治体財務諸表の導入をめぐって」『会計検査研究』第27号。
東京都［2006］「東京都の新たな公会計制度」東京都。
─────［2009］「東京都の財務諸表」東京都。
─────［2012］「平成22年度（2010年度）東京都予算（原案）の概要」東京都。
日本公認会計士協会［2003］『公会計概念フレームワーク』日本公認会計士協会。
藤井秀樹［2005］「アメリカ公会計の基礎概念」『産業経理』第64巻第4号。
宮本幸平［2003］「自治体業績評価におけるフィードバックの諸問題」『會計』，第164巻第3号。
─────［2007］『公会計複式簿記の計算構造』中央経済社。

第5章

期間衡平性査定の「目的」を達成する政策評価システムの「負債変動情報」

1．はじめに（考察の目的）

　本章は，前章（第4章）に引き続き，目標仮説として設定された「政策評価システムにおいて将来転嫁価額を表示することにより，説明責任および期間衡平性査定の目的を達成する」という内容に対し，規範演繹的考察を行うことで，しかるべき結論を導出するものである。本章では特に政策評価システムの「負債変動情報」について，期間衡平性査定の目的を達成する表示項目を措定する。

　第3章において，特定の「コスト情報」および「負債変動情報」を政策評価において測定・表示することによって，将来に転嫁される負担価額を把握できることが示された。そしてこれにより，「期間衡平性」およびその上位概念である「説明責任」の査定が可能となることが説明された。そして前章（第4章）では，目標仮説を正当化できる事務事業評価の「コスト情報」が如何なるものであるかにつき規範演繹的考察を行い，当該項目として「退職給付費用」および「予算超過額」が措定された。

　本章では，目標仮説を正当化できる事務事業評価の「負債変動情報」が如何なるものであるかについて，前章と同様に会計理論を援用した規範演繹的考察を行う。まず，政府全体の貸借対照表に表示される実体項目の変動（出入り）価額を測定・表示する「純資産変動計算書」について，表示項目および計算構造を，総務省「新地方公会計制度研究会報告書」（以下，制度研究会報告書）の

規定に基づいて説明する（第2節）[1]。そして，政府活動の「期間衡平性」を査定するために，政府全体の「負債変動情報」がどのように機能するかについて示される（第3節）。そのうえで，政策の執行単位である「事務事業」の評価において，「負債変動情報」として表示されるべき項目および具備する機能について，規範演繹的考察によって明らかにされる（第4節）。

このように，まず政府全体財務書類で如何なる「負債変動情報」が表示されているかを明らかにし，これを参酌しながら，政策評価の構成要素である「事務事業」評価において如何なる「負債変動情報」（即ち負債増減の価額）が表示されて，目標仮説である「期間衡平性」査定を可能とするかを明らかにしていく。

2．政府全体／純資産変動計算書における表示項目

総務省が公表した制度研究会報告書では，純資産の変動について「政策形成上の意思決定またはその他の事象による純資産及びその内部構成の変動（中略）の期中取引高」と規定される（第56段）。このような，純資産の変動を測定・表示対象とする政府全体の純資産変動計算書の表示項目と，計算構造についてまず説明する。

2.1　政府全体／純資産変動計算書の表示項目

図表5．1は，総務省の制度研究会報告書（平成18年）が規定した純資産変動計算書における表示項目の概略である。

第5章　期間衡平性査定の「目的」を達成する政策評価システムの「負債変動情報」

図表5.1　総務省が規定する純資産変動計算書の表示科目（抜粋・概略）

	財源余剰	未実現財源消費	資産形成充当財源			
			税収	社会保険料	移転収入	公債等
Ⅰ．財源変動の部	×××	(×××)				
1．財源の使途	(×××)	(×××)				
① 純経常費用への財源措置	(×××)	(×××)				
② 固定資産形成への財源措置	(×××)	(×××)				
2．財源の調達	×××					
① 税　　収	×××					
② 社会保険料	×××					
③ 移転収入	×××					
Ⅱ．資産形成充当財源変動の部			×××	×××	×××	×××
1．固定資産の変動			×××	×××	×××	×××
① 固定資産の減少			(×××)	(×××)	(×××)	(×××)
② 固定資産の増加			×××	×××	×××	×××
2．長期金融資産の変動			×××	×××	×××	×××
① 長期金融資産の減少			(×××)	(×××)	(×××)	(×××)
② 長期金融資産の増加			×××	×××	×××	×××

　計算書をみると，横軸にも項目を配置したマトリックスの形式となっている。包摂される表示の特質は，以下のとおりである（カッコ内は制度研究会報告書に規定された段数を示す）。

(1)　発生形態による区分表示

　純資産変動計算書において，純資産の内部構成の変動は，当期に費消可能な資源の流出入であるか，資金以外の形態をとる将来利用可能な資源の流出入であるかという発生形態の別により，「財源変動」と「資産形成充当財源変動」とに分類され，価額が把握される（第58段）。

　「財源変動」は「調達」と「使途」に分類され，行政コスト計算書（損益を表示）に計上されない，当期に費消可能な資源の流出入をいう（第59段）。具体的には，「収益」に該当しない「税収」や「資本移転収入」，および「費用」に該

当しない資本的支出等の流出（固定資産形成への財源措置など）が該当する（第59段）。

他方「資産形成充当財源変動」は，資金以外の形態をとる将来利用可能な資源の流出入をいう（第61段）。すなわち，財源が使用されて固定資産や長期金融資産に転化し，財源が将来世代も利用可能な資産の形に変化したものを意味する（第61段）。そしてこれらは，現役世代と将来世代の間における資源の配分を含意する（第57段）。

(2) **純資産増減原因による区分表示**

以上の「財源変動」および「資産形成充当財源変動」の二区分の各々について，さらに増加原因と減少原因の二区分によって表示される。

純資産の減少は，将来世代が利用可能であった資源を費消して現役世代が便益を享受し，将来世代に負担が先送りされたことを意味する（第57段）。純資産減少原因とは，①当該会計期間中における資産の流出もしくは減損などによる経済的便益またはサービス提供能力の減少をもたらすものであって，②損益勘定を経由しない純資産（またはその内部構成）の減少原因をいう（第62段）。

他方，純資産の増加は，現役世代が自らの負担によって将来世代も利用可能な資源を蓄積したことを意味し，将来世代の負担が軽減されたことになる（第57段）。純資産増加原因とは，①当該会計期間中における資産の流入もしくは増加による経済的便益またはサービス提供能力の増加をもたらすものであって，②損益勘定を経由しない純資産（またはその内部構成）の増加原因をいう（第66段）。

(3) **公債発行による財源調達価額の峻別表示**

制度研究会報告書の規定において，公債の発行には償還を要するため，将来の財源の使途を現時点で拘束すると考え，純資産を増加させる取引とは認めない（第60段）。そこで，公債発行による資金調達の価額は，「財源」調達に係る表示科目から除外される（第60段）。

第5章 期間衡平性査定の「目的」を達成する政策評価システムの「負債変動情報」

　ただし，純資産変動計算書上で，財源合計（貸借対照表に連動する残高）については，その調達源泉の違いに基づき，「財源余剰」と「未実現財源消費」に分類して表示することを認める（第193段）。すなわち「財源余剰」は，税収等を調達源泉とする財源であり，「未実現財源消費」は，純資産の増加を伴わない公債発行等によって調達した資金（換言すれば，将来の税収等）を意味する（193段）[(2)]。

　このような，「未実現財源消費」を含めた表示の概要は図表５．２のとおりであり，固定資産形成への財源措置による公債の発行価額（70）が「未実現財源消費」の構成要素となる。

図表５．２　純資産変動計算書における公債発行価額の表示

	財源余剰	未実現財源消費
Ⅰ．財源変動の部		
１．財源の使途	△90	△70
① 純経常費用への財源措置	△60	0
② 固定資産形成への財源措置	△30	△70

　また横軸に表示される，税収・社会保険料・移転収入・公債等は，純資産を構成する資産形成充当財源の財源別（調達源泉別）区分表示である。これらは，将来世代に利用可能な資源である固定資産および長期金融資産について，どのような財源によって資金調達されているかを表示するものである[(3)]。

2.2　純資産変動計算書の計算構造

　総務省が規定する地方政府会計の財務書類において，純資産変動計算書を構成要素とする，計算構造上の連携（表示価額の一致）が複数存在する。

　まず，「財源変動の部」の「純経常費用への財源措置」の表示価額は，行政コスト計算書の収支差額である「純経常費用（純行政コスト）」の表示価額と一致している（第195段）。また，純資産変動計算書の各表示区分（財源変動の部・資産形成充当財源変動の部・その他の純資産変動の部）の収支尻は，貸借対照表の

純資産の部の各表示区分（財源・資産形成充当財源・その他の純資産）と連動している（第195段）。これらを図示すると，図表5.3のとおりである。

図表5.3　純資産変動計算書に係る財務書類の連携（概念図）

貸借対照表		行政コスト計算書		純資産変動計算書	
資　産	負　債	費　用	収　益	財源の使途	（期首残高）
				うち純経常費用	財源の調達
	純資産		純経常費用	資産の減少	資産の増加
				期末残高	

出所：総務省「新地方公会計制度実務研究会報告書」，2007年，19頁をもとに作成。

　図において，純資産変動計算書の期末残高（純資産前期末残高に，財源変動の部・資産形成充当財源変動の部・その他の純資産変動の部の当期変動額を加えた価額）は，貸借対照表の純資産の部の総価額と一致している。純資産変動計算書は，資源増減の名目勘定（フロー価額）を表示し，当期変動額が，貸借対照表／純資産の部に加算される[4]。

　こうした連携について，複式計算構造を前提とすれば，資産もしくは負債の増減とその名目（原因）とが「借方」と「貸方」に同じ価額で仕訳されるため，残高の勘定とフロー（名目）の勘定は相互に結び付いている。このような複式簿記に基づく会計計算構造は，結果としてすべての財務書類の貸借が必ず一致するという，計算の信頼性を内包するものとなる[5]。そして最終的に，全勘定が貸借均衡を維持しつつ締め切られる（複式簿記の有機性）。

　ただし，企業会計と同様の複式簿記計算である「一取引一仕訳」に基づけば，固定資産形成を実施した場合に，次のような仕訳となり，名目勘定が設定されない。

　　（借）建　　　　　物　10,000,000　　（貸）現　　　　　金　10,000,000

　この場合，実体勘定同士の等価交換が成立して名目勘定（即ちフロー価額）が計上されず，純資産変動計算書に当該価額が誘導・表示されないことになる。

第5章　期間衡平性査定の「目的」を達成する政策評価システムの「負債変動情報」

そこで，これを勘定として設定するためには，「一取引二仕訳」の計算方法を用いなければならない(6)。当該仕訳は，次のように設定される。

　　（借）資　金　・　建　物　　1,000,000　　（貸）現　　　　　　　金　　1,000,000
　　　　　（資金収支計算書）　　　　　　　　　　　　　（貸借対照表）

　　（借）建　　　　　　　物　　1,000,000　　（貸）固　定　資　産　形　成　　1,000,000
　　　　　（貸借対照表）　　　　　　　　　　　　　　　（純資産変動計算書）

このような計算構造により，建物の建設という結果（実体）に対する原因（名目）が，「固定資産形成」として勘定設定され，純資産変動計算書に誘導される。

また，財源として建設公債を充当した場合にも，同様の問題が生じる。総務省が規定する純資産変動計算書では，マトリックス形式によって，資産形成充当財源が表示される。即ち，純資産増減の各表示要素に対し，当該財源項目（税収・社会保険料・移転収入・公債等）が表示される。ところが「一取引一仕訳」では，次のような計算処理となる。

　　（借）現　　　　　　　金　　1,000,000　　（貸）建　設　公　債　　1,000,000

この場合，純資産増減の名目勘定，即ちフローの価額が計上されず，純資産変動計算書に当該価額が誘導・表示されないことになる。そこで「一取引二仕訳」によれば，次のように計算処理をすることができる。

　　（借）財源・建設公債　　1,000,000　　（貸）建　設　公　債　　1,000,000
　　　　　（純資産変動計算書）　　　　　　　　　　　（貸借対照表）

　　（借）現　　　　　　　金　　1,000,000　　（貸）資金・建設公債　　1,000,000
　　　　　（貸借対照表）　　　　　　　　　　　　　　　（資金収支計算書）

このような計算処理（仕訳）によって，建設公債という実体（結果）に対する名目（原因）が，「財源・建設公債」として勘定設定される。即ち，当該価額が期間中に変動（ここでは増加）したことが明らかにされる。

93

3．政府活動の業績評価における純資産変動計算書の機能

　以上によって，政府全体の「負債変動価額」を表示する純資産変動計算書の表示項目と，その計算構造が明らかにされた。そこで次に，純資産変動計算書の表示項目が，政府活動業績（全体）の評価・査定においていかに利用されるべきかについて考察する。総務省「新地方公会計制度実務研究会報告書」／「基準モデルに基づく財務書類作成要領・補論1」において，純資産変動計算書の表示項目に備わった機能が明らかにされており，以下において，当該内容を説明する[7]。そのうえで，これら表示項目がどのように機能して「期間衡平性」の査定が可能となるかについて検証する。

3.1　政策の役割とその表示

　総務省「新地方公会計制度実務研究会報告書」における「基準モデルに基づく財務書類作成要領・補論1」では，公会計情報（政府全体の行政コストおよび純資産変動価額の情報）が具備する機能が説明されている。即ちここでは，政府の財政活動における三つの役割として，「資源配分」・「所得再分配」・「経済安定化」の存在を前提としつつ，各々の活動に対する取引事象および活動成果の表示についてコメントがされている。その内容は，図表5.4にまとめている。

　表を概括すると，交換取引である収益的支出は，純資産変動を伴う損益取引であり，行政コスト計算書において表示される。他方，資本的支出は，純資産の総額の変動は伴わず，純資産の内部構成変動を伴う損益外の取引であり，純資産変動計算書で表示されることになる。また，税金や交付金などの収入，および社会保障給付や補助金などの移転的支出は，対価が明確でないため「非交換性取引」に該当し，損益外取引として純資産変動計算書で表示される。

第5章　期間衡平性査定の「目的」を達成する政策評価システムの「負債変動情報」

図表5.4　財政活動の取引事象とその表示に対するコメント

項番	財政活動	取引事象および表示に対するコメント
1	資源配分	・取引事象は，収益的支出および資本的支出。 ・収益的支出は，純資産変動を伴う損益取引であり，行政コスト計算書での処理・表示が可能。 ・資本的支出は，純資産の総額の変動は伴わず，純資産の内部構成変動を伴う損益外の取引のため，純資産変動計算書でのみ処理・表示が可能。 ・支出のファイナンス（負債・純資産の増加を伴う資源調達）について，損益外取引のため純資産変動計算書が不可欠。
2	所得再分配	・取引事象は，社会保障給付（扶助費）や補助金（移転的収支）等。 ・会計上，対価が明確でない「非交換性取引」に該当し，損益取引として行政コスト計算書で処理・表示すべきか，損益外取引として純資産変動計算書で処理および表示を行うべきか判断を要する。 ・わが国では，マネジメント・レベルで範囲外の「非交換性取引」につき，純資産変動計算書で表示を行っている。
3	経済安定化	・取引事象は，公共事業（固定資産形成）や余剰金の積立（金融資産形成），公債（負債）の発行等。 ・上記はすべて損益外の取引事象であるから，行政コスト計算書で処理・表示を行うことができず，純資産変動計算書で処理・表示する。

出所：総務省「新地方公会計制度実務研究会報告書」，2007年，138頁をもとに作成。

3.2　三つの財政活動に対する純資産変動計算書の査定機能

　以上のような総務省の考え方によれば，資源の内部構成変動を伴う損益外の取引が，純資産変動計算書において表示される[8]。

　前節（第2節）で説明されたとおり，純資産変動計算書において，表示科目の「1．財源の使途」は，政府の財政活動に伴う発生主義的な資源の消費額を表示し，これに係る第2列「未実現財源消費」は，純資産を構成する財源の控除項目として，発生主義的な資源不足額，即ち実質的な公債発行額が表示される。そして，「1．財源の使途」の内訳として，「①純経常費用への財源措置」

に係る第2列「未実現財源消費」は，資産形成に結びつかない資源の消費であり，実質的な赤字公債発行額を示す。他方，同内訳の「②固定資産形成への財源措置」に係る第2列「未実現財源消費」は，資本的支出に関する資源不足額である実質的な建設公債発行額を示している。

さらに，横軸の各列である税収，社会保険料，移転収入，公債等（ただし建設公債）は，純資産を構成する資産形成充当財源の財源別（調達源泉別）区分表示である。ここでは，将来世代に利用可能な資源である固定資産および長期金融資産について，どのような財源によって資金調達されているかが表示される。

そこで，純資産変動計算書に表示される以上の項目が，「財政活動の三機能」の査定のため如何なる役割を果たすかについて次に考える。

「資源配分」とは，ファイナンスされた財源を適正に充当（即ち政府支出）する財政活動である。これについては，収益的支出（費用）および資本的支出など，すべての政府支出が「財源の使途」で表示され，これらに対するファイナンスの内容について，「財源の調達」で表示される。さらに，実質的な公債発行額である「未実現財源消費」がどれだけ発生したかが表示される。こうして，獲得された財源とその配分の状況について，純資産変動計算書で把握することができる。

「所得再分配」とは，法効力により得られた財源（即ち税金等）を社会保障給付や補助金に充当する財政活動である。これについて，非交換性取引に該当する「移転支出」は，「純経常費用への財源措置」に含まれると同時に，当該財源としてファイナンスされた「税収」および「移転収入」が，純資産変動計算書において表示される。また当該活動は，所得に対して徴収された財源である税の再分配であるため，公債などのファイナンスによる未実現財源消費には該当しない。

「経済安定化」とは，政府の公共投資等により均衡国民所得を増加させる拡張政策，および支出削減（余剰金積立）で財政引締めを行う緊縮政策により，経済状況を安定させるための財政活動である。すなわち，経済安定化のための裁量的財政政策（fiscal policy）として，不況時の政府支出拡大と好況時の財政

第5章　期間衡平性査定の「目的」を達成する政策評価システムの「負債変動情報」

引締め（財政余剰の蓄積）が組み合わされる(9)。これについて純資産変動計算書では，公共事業（固定資産形成）や余剰金積立（金融資産形成）の増加価額が表示されると同時に，公債の発行額も表示される。また，固定資産形成および長期金融資産形成に対応するための資産形成充当財源の変動額について，横軸に財源別で表示される。こうして，景気拡大もしくは縮小に対しどのように財源が使われたか（蓄積されたか）を把握することができる。

そして，以上で示された財政活動を査定する表示項目が，期間衡平性の査定において如何に機能するかを考える。「資源配分」および「経済安定化」の活動においては，財源確保のために公債発行に伴う負債の増加が生じるため（ここでは赤字公債），これが「期間衡平性」に影響を与えることになる。特に「経済安定化」の取引事象のなかで，公共事業（固定資産形成）のための公債発行による調達財源は，将来に負担が転嫁されることになる。このため，損益外取引である当該情報を純資産変動計算書で表示することで，「期間衡平性」を査定することができる。

ここで，建設公債を財源とする固定資産形成の場合，当該財源により将来世代も利用可能な資産が形成されることになる。つまり，将来において資産の便益を享受できるため，将来に負担が転嫁されないという見解が成立する。しかし，第4章で説明されたとおり，将来の納税者は，価値が減耗・減衰した固定資産の便益・サービスを受けながら，過去と等価の負担を持つことになる（均等に償還する場合が仮定される）。またこれに対する維持補修費用についても，将来に負担がかかることになる。したがって，建設公債を財源とした固定資産形成の場合でも，将来負担が生じることに変わりなく，当該価額の測定・表示が「期間衡平性」の査定にとって有効であると考えることができる。

4. 政策評価システムにおける負債変動情報の機能

　以上によって，政府全体／純資産変動計算書における表示項目が説明され，公債発行などの負債変動情報が「期間衡平性」の査定機能を具備することが示された。そこで次に，行政活動の構成要素である「事務事業」で如何なる負債変動情報（即ち負債増加の名目額）が表示され，「期間衡平性」の査定を可能とするかについて考察する。

4.1　三つの財政活動に対する負債変動情報の査定機能
　図表5.4で示された三つの財政活動で生じる取引事象は，政府全体の財務書類である純資産変動計算書と行政コスト計算書で表示されることになる。そして，財政活動の最小単位は「事務事業」であるため，「資源配分」・「所得再分配」・「経済安定化」のための諸活動は，実務上においては当該事業として執行されることになる。したがって，福祉・教育・環境などすべての「事業」において，かかる三つの財政活動のいずれか（複数の場合もある）の特質を具備するものと考えられる。

　このことから，「事務事業」の活動に伴う取引事象に対しても，図表5.4に示された事項と同様の表示が行われるものと解すべきである。当該事象としては，①収益的支出，②資本的支出，③財源ファイナンス（負債・純資産の増加を伴う資源調達）が該当する。収益的支出は，行政コスト情報，資本的支出および財源ファイナンスは純資産変動情報として，それぞれ表示されることになる。

　「事務事業」における「資源配分」の財政活動は，収益的支出（費用）が主たる取引事象であり，人件費を投入（インプット）してサービス（アウトプット）を提供し，一部においては収益を獲得する。そして，これら活動の財源調達については，税収・交付金等（純資産の増加）で賄われるか，または公債発行や借入金調達が行われる（負債の増加）。そこでこれらは，インプットおよびアウトプットの情報，および調達財源の情報として政策評価システムで表示される

第5章　期間衡平性査定の「目的」を達成する政策評価システムの「負債変動情報」

ことになる。

　「事務事業」における「所得再配分」の財政活動は，社会保障給付や補助金（移転的収支）等の支出が該当する。これらは事業評価において，当該事業費として表示される。ただし，「所得再配分」の財源が負債（借入金等）となることはないため，本来的に，当該財政活動に負債変動情報は伴わない。

　「事務事業」における「経済安定化」の財政活動は，固定資産形成や余剰金の積立（金融資産形成）が該当する。このなかで，固定資産形成を目途とする財政活動については，主に「公共事業」において実施される。また，金融資産形成それ自体は，事務事業として行われるものではない。ただし，雇用創出などの政策が事務事業として実施される場合，当該事業のためのファイナンスにより負債が増加することも想定できる。

　そして以上のなかで，公債および借入金等については，政府全体の貸借対照表に「負債」として表示される勘定であり，複式計算構造を前提とすれば，相手勘定は，基本的に「現金」である。この「現金」が，セグメントとしての「事務事業」においては，インプットのための財源を意味する。したがって当該財源が，将来年度の納税者に転嫁される負債増加額であるならば，これを表示することで「期間衡平性」の査定が可能となる。これを概念図で表すと，図表5.5のようになる。

図表5.5　政策評価の負債変動情報による「期間衡平性」査定（概念図）

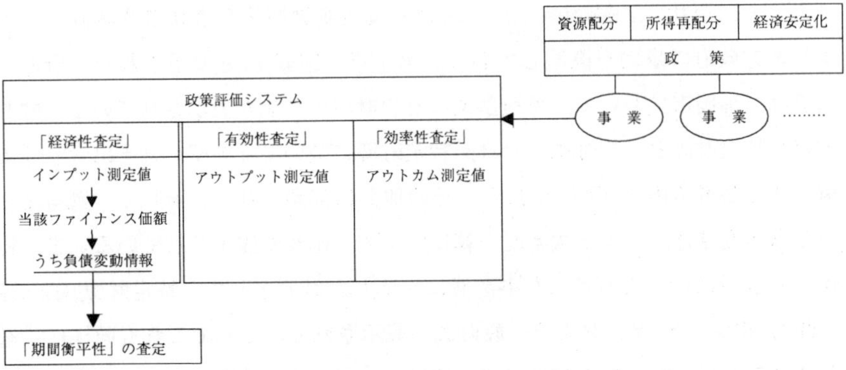

また，前章（第4章）でも述べられたとおり，政府全体の「負債変動情報」につき，これをセグメントである「事務事業」に配賦することの妥当性について検証する必要がある。当該点について，負債に基づく財源の配分は直接的に事業に対し行われるため，間接コストのように配賦計算をする必要性に乏しい。したがって，当該事業に対して割り当てられた予算のなかで，公債や借入金を財源とする調達価額が，「負債変動情報」の測定・表示値となる。そしてこれが，「期間衡平性」を査定するための情報となる。

4.2　政策評価システムにおける純資産変動価額表示の事例

　以上の考察により，期間衡平性を査定する政策評価システムの表示項目として，公債および借入金など「インプットの財源となる負債変動情報」が措定された。当該情報の表示により，目標仮説である「将来負担転嫁価額を表示して期間衡平性を査定する」ことが達成でき，「期間衡平性」の上位概念である「説明責任」の査定のための一端を担うことが可能となる。

　ただし，前章（第4章）でも述べたとおり，以上の結論は，会計理論に基づく規範演繹的考察により導出されたものであり，情報利用者が実際にはどのようにして期間衡平性を査定するかについては，別途に考察をしなければならない。演繹的考察により導出された結論は，事実の観察から導出される普遍性・妥当性の確認を欠くためである。

　そこで，現状（平成25年時点）において負債変動情報を事務事業評価で表示する地方政府の事例を概観しておく。第1章・図表1.8で示された政府のうちでは，福岡市において，事務事業ごとの財源の内訳が表示されている。財源内容を特定財源と一般財源に分け，特定財源について「国庫・県支出金」・「市債」・「受益者負担分（使用料等）」・「その他」に部類される。そして，過年度2年と当年度見込，および次年度予算について，価額が表示されている。また札幌市でも同様に，支出された事業費に対応した財源として，特定財源（国・道支出金，市債，その他）および一般財源が表示される。そしてこれも同様に，過年度2年と当年度，および次年度予算について，価額が表示されている。

第5章　期間衡平性査定の「目的」を達成する政策評価システムの「負債変動情報」

このように事例では，事業の財源の内訳として，公債によるファイナンス価額が過年度分を含めて表示されている。こうして，将来の納税者に転嫁される価額が明らかにされ，期間衡平性を査定することが可能となる。

5．おわりに（考察で措定された表示項目）

以上のとおり本章では，政策評価システムにおいて抽出された問題点である「期間衡平性査定のための情報提供を全うするための，将来年度の納税者に転嫁される情報が必須的に表示されていない」ことに対し，目標仮説に設定された「政策評価システムにおいて将来転嫁価額を表示することにより，説明責任および期間衡平性査定の目的を達成する」ことの正当性につき，負債変動情報を対象として規範演繹的考察が行われた。

そして，事務事業の政策評価において，負債変動情報である公債や借入金などの財源調達価額が，「期間衡平性」を査定する情報として措定された。

（注）
(1) 「新地方公会計制度研究会報告書」には「基準モデル」と「総務省方式改訂モデル」の2規定が存在するが，本章では，より発展的な「基準モデル」に基づいて考察が進められている。
(2) 純資産における公債発行価額は，あくまでも資産（固定資産及び長期金融資産）を形成する際に調達した財源であり，いわゆる建設公債のみを意味し，赤字国債は負債に属する（総務省［2007］，18頁）。
(3) 例えば，「移転収入」は地方交付税や補助金等による資産形成を意味し，「公債等」は建設公債による資産形成を意味する。
(4) ただし，総務省が規定する純資産計算書には未実現財源消費の表示があり，これは負債とも連携する。したがって，貸借対照表に計上される負債（赤字国債）および純資産（建設国債）という実体の原因（名目）が，純資産変動計算書に表示される。
(5) 宮本［2007］，32-35頁。
(6) 「一取引二仕訳」の詳細は，亀井［2004］，301-303頁，および，高橋［2006］，66-67頁などを参照。
(7) 総務省［2007］，138-139頁。
(8) 政府活動においては，インフラ資産の形成など資本的支出や，社会保障給付などの非交換性取引等の損益外取引が大半を占め，これらは行政コスト計算書勘定で処理す

ることができない（桜内［2004］, 150頁）。
(9)　総務省［2007］, 138頁。

【参考文献】
亀井孝文［2004］『公会計改革論』白桃書房。
桜内文城［2004］『公会計―国家の意思決定とガバナンス』NTT出版。
総務省［2007］「新地方公会計制度実務研究会報告書」総務省。
高橋選哉［2006］「公益法人会計基準における収支計算書の変遷」『日本簿記学会年報』
　　　第21号。
宮本幸平［2007］『公会計複式簿記の計算構造』中央経済社。

第6章

公共事業の費用便益分析による「アウトカム」の業績測定

1．はじめに（考察の目的）

　本研究全体の目的は，これまでの各章で述べられたとおり，政策評価システムの業績測定・評価において内在する問題点を抽出し，当該解決のための目標仮説（当為）を設定し，ここから，演繹的推論で必然的な結論を導出しようとするものである。すなわち，「規範演繹的研究」が前提とされる。

　そして，第2章での問題点抽出作業において，特に政策評価におけるアウトカムの「業績測定」値につき，目的論的関連の観点から「アウトプットとアウトカムの測定値につき同視化され峻別が不明確であること」，「コスト－アウトカム測定値につき，アウトカム測定値に客観性が存しないこと」の二つの問題点が抽出された。また，因果関連の観点から「アウトカム測定値に主観が介在すること」が問題点とされた。そして，これら問題点を分類・統合したうえで目標仮説が設定されたが，これは「アウトカムを貨幣価額で測定することにより，主観介在を回避して，インプットとの比較を可能とする」というものであった。

　政策の「成果」であるアウトカムにつき，わが国政策評価システムでは，「ベンチマーキング」に基づく目標達成度が当該「業績測定」値とされる。そしてここに内在する問題点が，測定値に対する主観の介在である。この「ベンチマーキング」は，事務事業評価に対するアウトカムの測定・評価方法であ

り，他方公共事業評価については，第3章で説明されたとおり，費用便益分析（Cost-Benefit Analysis：以下CBAと記す場合がある）の理論・方法に基づいて，アウトカムの貨幣的測定が行われている。即ち，政府が実施する社会資本形成（道路・橋梁・港湾・空港など）への投資に対する受益者の「便益」[1]について，CBA理論に基づいて貨幣価額で測定・表示される。

また第3章では，会計測定値であるインプットの測定値（即ち現金支出額）が，「成果」発現によるアウトカム（すなわち便益）の貨幣価額を下回る可能性があることが示された。このことは，政策評価のアウトカム測定において，貨幣価額でこれを測定し検証する動機となるものとなる。

そこで本章は，主観介在が問題点となる事務事業のアウトカム測定に対し，「貨幣的測定により主観介在を回避する」という目標仮説について，規範演繹的考察を行ってその是非を明らかにする。まず公共事業評価につき，国土交通省「費用便益分析マニュアル」およびわが国地方政府の規定内容を概観する（第2節）。そして，経済学の領域において確立された，費用便益分析理論に基づく測定プロセスついて理解し（第3節），当該理解のうえで，事務事業評価においてアウトカム測定に費用便益分析理論が適用されない事由について考察する（第4節）。

そして本章の考察を受け，次章（第7章）において，事務事業評価に対する費用便益分析理論の適用について規範論を展開していく。

2．「費用便益分析マニュアル」に基づく公共事業の便益測定

以上に示した考察の流れにそって，まず本節では，国土交通省の「費用便益分析マニュアル」を概観し，「便益」の実務的測定方法について理解する。そのうえで，当該マニュアルに基づいて実施されるわが国の政策評価／公共事業評価の実施例を検証する。こうして，如何なる理論前提に基づいて，受益者便益であるアウトカムが貨幣的測定されているかを把握する。

第6章　公共事業の費用便益分析による「アウトカム」の業績測定

2.1　「費用便益分析マニュアル」の形成経緯

　国土交通省は平成13年7月に,「国土交通省所管公共事業の新規事業採択時評価実施要領（国土交通事務次官）」に位置づけられた「事業種別ごとの評価手法の策定・改善」にあたり,意見を聴く委員会として「道路事業評価手法検討委員会」を設置し,公共事業の客観的評価指標および総合評価手法に関する指針の検討を行った。そして当該委員会を中心に進められた検討・考察の成果として,平成15年に「費用便益分析マニュアル」が公表された。マニュアルの冒頭では「費用便益分析は,道路事業の効率的かつ効果的な遂行のため,新規事業採択時評価,再評価,事後評価の各段階において,社会・経済的な側面から事業の妥当性を評価し,併せて,評価を通じて担当部局においてより効果的な事業執行を促すことを企図するもの」と述べられている。

　そして平成20年には,平成15年マニュアルに対する国会や地方等から様々な意見を集約して,①現行の便益の計算方法が課題ではないか,②事業評価手法の考え方が現行のままでよいか,などの点について検討するため新たに「道路事業の評価手法に関する検討委員会」を設置した。ここでは,平成15年マニュアル公表以降の新たな知見および最新データ等に基づく見直しと,これまでの事業評価の運用実績,国会における指摘,地方の事業評価監視委員会等における意見等を踏まえた見直しが行われた。そして平成20年に,国土交通省から新たに「費用便益分析マニュアル」が公表されることとなった。

2.2　「費用便益分析マニュアル」における便益の測定プロセス

　国土交通省「費用便益分析マニュアル」では,道路投資の結果生じる便益として,「走行時間短縮便益」・「走行経費減少便益」・「交通事故減少便益」の各々を貨幣価額で測定し,実際に支払われた特定の「費用」を差し引いて「純便益」の貨幣価額を測定する。以下において,三つの「便益」と「費用」の測定方法を説明する。

(1) 「走行時間短縮便益」の測定

　走行時間短縮便益は，道路の整備・改良が行われない場合の総走行時間費用から，道路の整備・改良が行われる場合の総走行時間費用を減じた差額であり，総走行時間費用は，各トリップのリンク別・車種別の走行時間に時間価値原単位を乗じた値をトリップ全体で集計したものである[2]。算出プロセスは，次のとおりである。

走行時間短縮便益：$BT = BT_O - BT_W$

総走行時間費用：$BT_i = \Sigma\Sigma(Q_{ijl} \times T_{ijl} \times a_j) \times 365$

　BT：走行時間短縮便益（円／年）

　BT_i：整備 i の場合の総走行時間費用（円／年）

　Q_{ijl}：整備 i の場合のリンク l における車種 j の交通量（台／日）

　T_{ijl}：整備 i の場合のリンク l における車種 j の走行時間（分）

　a_j：車種 j の時間価値原単位（円／分・台）

　i：整備有の場合W，無の場合O

　j：車種

　l：リンク

---

(2) 「走行経費減少便益」の測定

　走行経費減少便益は，道路の整備・改良が行われない場合の走行経費から，道路の整備・改良が行われる場合の走行経費を減じた差として算定する。費用低下のうち走行時間に含まれない項目を対象として，燃料費，油脂（オイル）費，タイヤ・チューブ費，車両整備（維持・修繕）費，車両償却費等の項目につき，走行距離単位当たりで計測した原単位（円／台・km）を用いて算定する[3]。算出プロセスは，次のとおりである。

走行経費減少便益：$BR = BR_O - BR_W$

総走行費用：$= \Sigma\Sigma(Q_{ijl} \times L_l \times \beta_j) \times 365$

第6章　公共事業の費用便益分析による「アウトカム」の業績測定

> BR：走行経費減少便益（円／年）
> BR_i：整備 i の場合の総走行経費（円／年）
> Q_{ijl}：整備 i の場合のリンク l における車種 j の交通量（台／日）
> L_l：リンク l の延長（km）
> $β_j$：車種 j の走行経費原単位（円／台・km）
> i：整備有の場合W，無の場合O
> j：車種
> l：リンク

(3)　「交通事故減少便益」の測定

交通事故減少便益は，道路の整備・改良が行われない場合の交通事故による社会的損失から，行われる場合の交通事故による社会的損失を減じた差であり，事故率を基準とした算定式を用いてリンク別の交通事故の社会的損失を算定し，これを全対象リンクで集計する[4]。算出プロセスは，次のとおりである。

> 年間総事故減少便益：$BA = BA_O - BA_W$
> 交通事故の社会的損失：$BA = \Sigma (AA_{il})$
> BA：年間総事故減少便益（千円／年）
> BA_i：整備 i の場合の交通事故の社会的損失（千円／年）
> AA_{il}：整備 i の場合のリンク l における交通事故の社会的損失
> 　　　（千円／年）
> i：整備有の場合W，無の場合O
> l：リンク

(4)　「費用」の測定と「純便益」の算出

費用便益分析における「費用」は，支出価額によって評価され，①道路整備に要する事業費（工事費・用地費・補償費）と，②道路維持管理に要する費用

107

（道路維持費・道路清掃費・照明費・舗装のオーバーレイ費）より構成される。そして，各期の便益の総計（B＝BT＋BR＋BA）の割引現在価値から同費用（C）を差し引くことによって，純便益（B－C）を算出する[5]。式は，次のとおりである。

$$B - C = \sum_{t=0}^{T} \frac{B_t}{(1+r)^t} - \sum_{t=0}^{T} \frac{C_t}{(1+r)^t}$$

2.3 事業評価実務への費用便益分析の適用

以上により，国土交通省「費用便益分析マニュアル」に基づいた，公共事業評価における便益測定の計算方法が説明された。計算の基本は，道路整備によってもたらされる「走行時間短縮便益」・「走行経費減少便益」・「交通事故減少便益」につき，貨幣価額で測定するものである。各々に対し単位当たりの価額である「原単位」を設定し，そこに効果発現に伴う交通量，走行距離などの減少量を乗じることで，生じた便益の貨幣価額総計の現在価値を測定するものである。

図表6.1は，わが国都道府県「公共事業評価」における便益項目の適用例であり，公共事業の特質に応じて一般化費用の減少価額が設定され，当該減少額をもって生じた便益の測定値としている。

図表6.1 わが国都道府県における「公共事業評価」の便益項目の事例

	兵 庫 県	宮 城 県	三 重 県
公共事業名	河川事業	農業農村整備事業	道路事業
便 益 項 目	・治水事業実施による被害軽減期待額	・作物生産効果 ・営農経費節減効果 ・維持管理費節減効果	・走行時間短縮便益 ・走行経費減少便益 ・交通事故減少便益

表より，それぞれの事業に特有の便益項目が設定されていることがわかる。例えば農業農村整備事業では，生産作物の量・質の増加，営農経費の節減，農村における維持管理費の節減価額が，政策の成果（アウトカム）として測定・表示される。また道路整備事業では，国土交通省マニュアルの規定に基づき，

第6章　公共事業の費用便益分析による「アウトカム」の業績測定

走行時間短縮，走行経費減少，および交通事故減少による受益者の便益増加貨幣価額が測定され，政策の「有効性」評価に利用される。

そこで以上を斟酌すると，事務事業評価においても同様に，サービス受益者にとっての時間・経費・事故など一般化費用の減少価額について，これを便益すなわちアウトカム測定値に見立てれば，当該価額によって政策の「有効性」を査定することが可能と考えられる[6]。

3. 費用便益分析マニュアルに内包される便益測定の理論

以上により，国土交通省「費用便益分析マニュアル」の規定に基づく道路投資の便益測定方法と，当該適用事例が示された。本節では，当該マニュアルの理論的基礎であるCBAの理論について説明する。

3.1　消費者余剰アプローチによる便益の測定

CBAは，特定の制約条件下において，需要者および供給者の満足度最大化により導出された需要関数および供給関数より求められる，消費者余剰および生産者余剰の和と費用との比較から行われる[7]。消費者余剰アプローチと呼ばれるこうした社会的便益の測定は，ある公共事業への投資（例えば道路投資や維持補修など）による便益の増加に対して行われる。ここで，記号の定義を以下のように与える[8]。

　　　　Ｂ：社会的余剰（便益）
　　　ＣＳ：消費者余剰
　　　ＰＳ：生産者余剰
　　　ＰＱ：収入
　　ＧＣＳ：グロスの消費者余剰
　　　ＳＣ：社会的費用

図表6.2において，あるインフラ資産，例えば道路につき，前年度（O）

109

の状態から拡幅した本年度（W）の状態につき，社会的費用が低下したものとする。即ち，道路拡幅への支出により時間費用・燃料費・疲労等苦痛などの費用（一般化価格）が低下し，関数が右下にシフトした状況を想定する。そこで需要関数Ｄ＝Ｄ（Ｐ）と[9]，供給関数（社会費用）Ｓｏ＝Ｓｏ（Ｐ）およびＳｗ＝Ｓｗ（Ｐ）の交点ＡｏとＡｗで均衡価格と均衡需要量（供給量）が決まるものとする。当該状況における図の領域の定義は，以下のようになる[10]。

（前年度＝状態Ｏ）
　　　　ＣＳ：消費者余剰＝①
　　　　ＰＳ：生産者余剰＝②
　　　　ＰＱ：収入＝②＋③＋⑤＋⑦
　　　ＧＣＳ：グロスの消費者余剰＝①＋②＋③＋⑤＋⑦
　　　　ＳＣ：社会的費用＝③＋⑤＋⑦
　　　　　Ｂ：社会的余剰＝①＋②

（当年度＝状態Ｗ）
　　　　ＣＳ：消費者余剰＝①＋②＋③＋④
　　　　ＰＳ：生産者余剰＝⑤＋⑥
　　　　ＰＱ：収入＝⑤＋⑥＋⑦＋⑧
　　　ＧＣＳ：グロスの消費者余剰＝①＋②＋③＋④＋⑤＋⑥＋⑦＋⑧
　　　　ＳＣ：社会的費用＝⑦＋⑧
　　　　　Ｂ：社会的余剰（便益）＝①＋②＋③＋④＋⑤＋⑥

したがって，道路の拡幅による社会的余剰，即ち便益の増加（$\triangle B = B_W - B_O$）は，□ＤＡｏＡｗＥの領域の大きさで表される。そして以下の式のようにして，丸文字で領域を示すことができる[11]。

$$\triangle B = B_W - B_O$$
$$= \triangle GCS - \triangle SC$$
$$= ③＋④＋⑤＋⑥$$

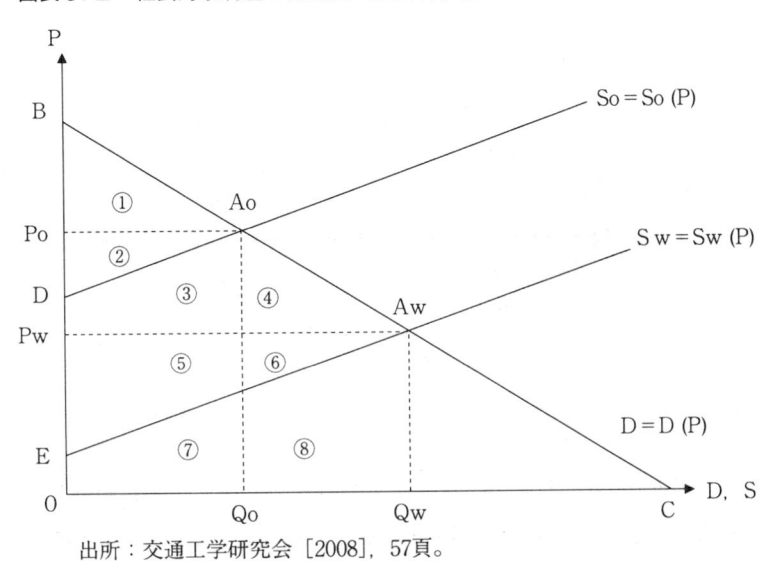

第6章 公共事業の費用便益分析による「アウトカム」の業績測定

図表6.2 社会的余剰差の概念図（消費者余剰マイナス社会的費用の増加）

```
P
B
         ①      Ao                      So = So (P)
Po ─────────────
         ②
D        ③   ④              Sw = Sw (P)
Pw ─────────────────── Aw
         ⑤   ⑥
E        ⑦   ⑧                  D = D (P)
O        Qo   Qw              C      D, S
```

出所：交通工学研究会［2008］，57頁。

3.2　費用便益分析マニュアルのアプローチによる便益の測定

　そして，総務省「費用便益分析マニュアル」では，以上のような方法を簡略化した「総交通費用アプローチ」による便益測定を前提とする。即ち，グロスの消費者余剰の差をゼロと算定するものである[12]。この場合には，消費者余剰概念が考慮されないため，需要関数$D = D(P)$は垂直となる。これは，道路を拡張してもその道路自体の需要は増えず（需要が固定），時間費用・燃料費・疲労等苦痛などの費用（一般化費用）のみの低下を想定するものである。

　ここで，道路の需要関数が垂直であるとは，道路整備等の政府投資が行われても，ＯＤ（細分化された調査対象地域）の交通量（一般にＯＤ交通量と呼ぶ）が一定と仮定されたものである。これは，ＯＤ交通量の変化に伴う需要曲線の導出が困難であるか，あるいは正確性に欠ける場合に，次善の手段となるものである。ＯＤ交通量の概念図を示すと，図表6.3のとおりである。

111

図表6.3　OD交通量の概念図

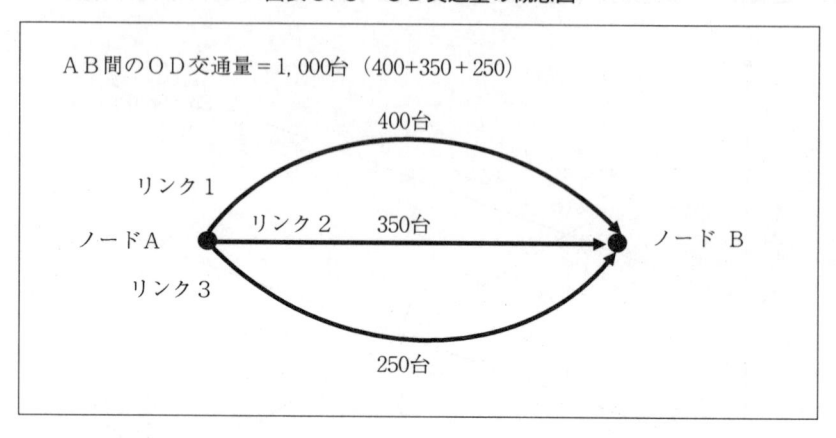

AB間のOD交通量＝1,000台（400＋350＋250）

400台
リンク1
ノードA　リンク2　350台　ノードB
リンク3
250台

　そして，図表6.4において，求める便益の差（△B）は，供給関数$S_0 = S_0(P)$に対し，$S_W = S_W(P)$への減少価額で算出することになる。したがって，道路の拡幅による社会的余剰，すなわち便益の増加（$\triangle B = B_W - B_0$）は，□DA_0A_WEの領域の大きさで表される。

　図表6.2でも示された丸文字を使って，消費者余剰アプローチと領域の大きさを比較すると，以下のようになる[13]。

$\triangle B = B_W - B_0$
　　　$= SC_0 - SC_W$

社会的費用減少額の差額が便益の増加となるため，

　　　$= -SC_W - (-SC_0)$
　　　$= -\triangle SC$
　　　$= -(⑦+⑧) - \{-(③+⑤+⑦)\}$
　　　$= ③+⑤-⑧$

第6章 公共事業の費用便益分析による「アウトカム」の業績測定

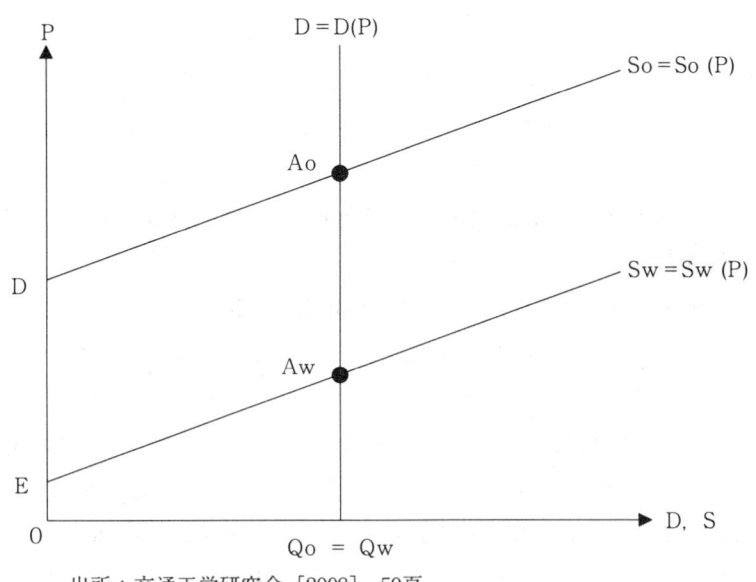

図表6.4 社会的余剰差の概念図（総交通費用アプローチ）

[図：縦軸P、横軸D,S。垂直線D=D(P)上に点Ao、Awがある。右上がり直線So=So(P)、Sw=Sw(P)。縦軸上にD、E。横軸上にQo=Qw。]

出所：交通工学研究会［2008］，59頁。

以上より，通説的なCBA理論である消費者余剰アプローチに基づく便益増加額が（③+④+⑤+⑥）で表されるのに対し，総交通費用アプローチに基づく便益増加額は（③+⑤-⑧）であり，測定値が小さくなることが明らかとなる。即ち，後者に基づく便益増加額（アウトカム測定値）は，より保守的な価額で算出されることになる。

4．費用便益分析とベンチマーキングの相違点

以上により，「費用便益分析マニュアル」における便益（本研究では「アウトカム」と同義）の測定プロセスにつき，消費者余剰アプローチと，総交通費用アプローチについて，概念図に基づいて示された。わが国地方政府の公共事業評価においてはすでに，総交通費用アプローチの費用便益分析による便益測定が実施されている（平成25年時点）。これに対し事務事業評価では，目標とする

113

アウトカムに対する達成度（パーセンテージ）をアウトカム測定値とする「ベンチマーキング」が実施され，業績が評価される。本節では，ベンチマーキングと費用便益分析の，各々のアウトカム測定プロセスを示すことにより，相違点を明らかにして，ベンチマーキングに内在する問題点を顕在化させる。

4.1　ベンチマーキングと費用便益分析のアウトカム測定プロセスの相違点

(1)　ベンチマーキングによるアウトカム測定プロセス

わが国地方政府における事務事業評価においては，アウトカムの測定を「ベンチマーキング」によって実施し，貨幣的測定による表示は行われない。「ベンチマーキング」とは，事業において成果の基準や目標を設定し，その達成度合によって「有効性」を査定しようとするものである。主たる「業績測定」値は，設定目標に対する実績の達成度（パーセンテージやABCランクなど）であり，即ち目標アウトカム（ベンチマーク）に対する実際アウトカムの達成度が「アウトカム測定値」となる。アウトカム測定プロセスの概念図を示すと，右の図表6.5のとおりである。

図より，インプットが支出額の"円"で測定されるのに対し，アウトカムは，実績アウトカムの"数・量単位"もしくは達成度の"パーセント（目標アウトカムに対する実績アウトカムの割合）"が測定単位である。インプットとアウトプットは等価であり，また当該アウトプットの数・量に起因してアウトカム（図では実績アウトカム）が測定される。これらはすべて実績の測定値であり，アウトプットと実績アウトカムには一定の因果関係が存在する[14]。

これに対し，目標アウトカムの数値は，インプット価額およびアウトプット数・量と直接的な関連を持たず，設定者の主観によって決まる目標値と考えられる。したがって，ベンチマーキングによる事務事業のアウトカム測定値は，過年度・他部門・他組織（他政府）と必ずしも共通の計算プロセスによる表示項目とならないことが明らかとなる。

また第3章において，インプット（即ち政府支出額）が，アウトカム（即ち便

第6章 公共事業の費用便益分析による「アウトカム」の業績測定

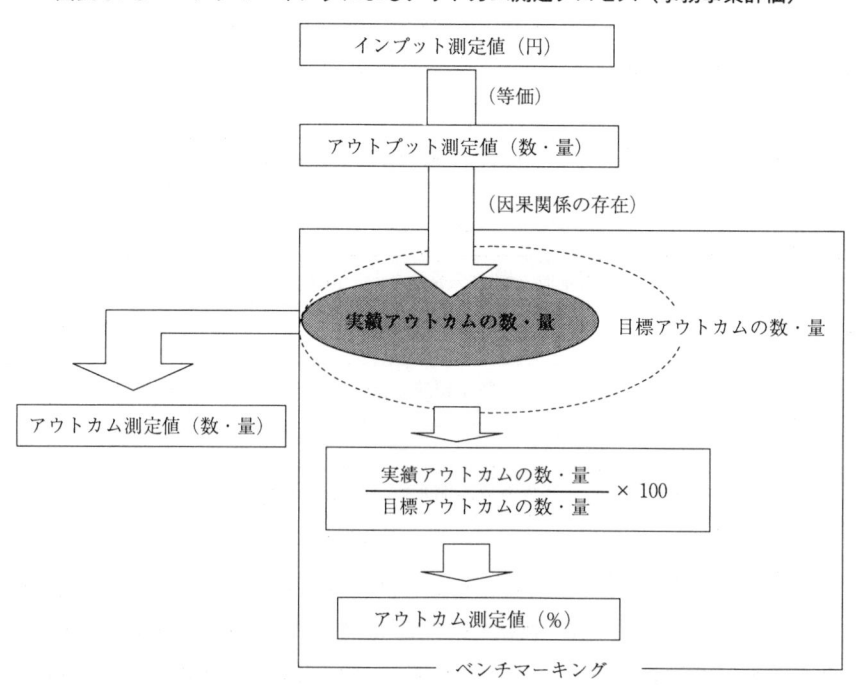

図表6.5 ベンチマーキングによるアウトカム測定プロセス（事務事業評価）

```
        インプット測定値（円）
              ↓
            （等価）
              ↓
       アウトプット測定値（数・量）
              ↓
         （因果関係の存在）
              ↓
    ┌─────────────────────────────────┐
    │     実績アウトカムの数・量    目標アウトカムの数・量
    │                ↓
←─  アウトカム測定値（数・量）
    │          実績アウトカムの数・量
    │          ───────────────── × 100
    │          目標アウトカムの数・量
    │                ↓
    │       アウトカム測定値（％）
    └─────────────────────────────────┘
                              ベンチマーキング
```

益）の貨幣価額を下回る可能性があることを，CBA理論に基づいて説明した（第3節・図表3.3）。実績アウトカムの価値と，インプットの価値（支出額）とが必ず等価かそれ以上であれば，政府支出額をもってアウトカム測定値と代替することが可能である。しかし，理論上は必然的に生じるケースとならないことから，事務事業評価においても，公共事業評価と同様に費用便益分析によるアウトカムの貨幣測定を行い，インプットとの比較を可能とすべきである。

(2) 費用便益分析によるアウトカム測定プロセス

上記2.3で説明されたとおり，わが国地方政府の公共事業評価においては，費用便益分析に基づいた受益者の便益すなわちアウトカムが貨幣的に測定される。アウトカム測定プロセスの概念図を示すと，次の図表6.6のとおりである。

図表6.6 費用便益分析によるアウトカムの測定プロセス（道路事業の評価）

```
┌─────────────────────────────────────────┐
│   インプット測定値（政府投資額／円）        │
└─────────────────────────────────────────┘
                    ↓
┌─────────────────────────────────────────┐
│  アウトプット測定値（整備された道路／Km）    │
└─────────────────────────────────────────┘
                    ↓
┌─────────────────────────────────────────┐
│ アウトカム測定値（減少交通量／台，減少走行時間／分）│
└─────────────────────────────────────────┘
                    ↓
┌─────────────────────────────────────────┐
│              費用便益分析                 │
└─────────────────────────────────────────┘
                    ↓
┌─────────────────────────────────────────┐
│     アウトカム測定値（便益／円）           │
└─────────────────────────────────────────┘
```

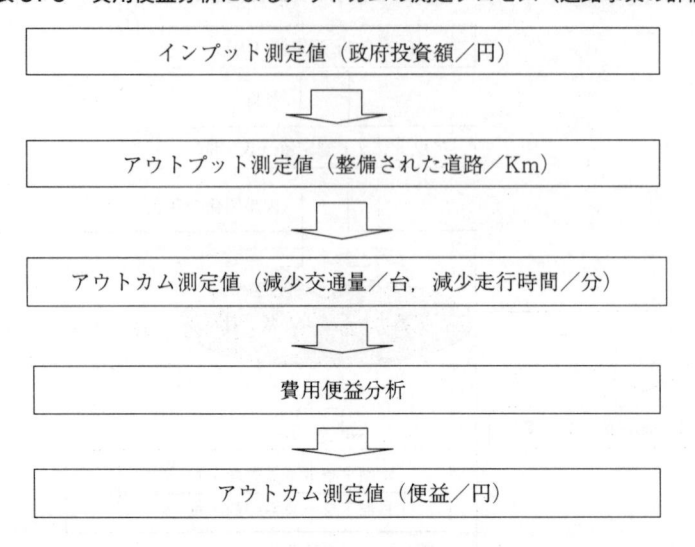

　図より費用便益分析では，インプット（政府投資額）が"円"で測定されるのに対し，アウトカム（受益者便益）も"円"が測定単位である。インプットとアウトプットは等価であり，またアウトプットである道路整備の質・量に起因して，減少交通量（単位：台）や減少走行時間（単位：分）などが，アウトカムとして測定される。これらはすべて実績の測定値であり，またアウトプットとアウトカムには一定の因果関係が存在する。

　そして次のステップとして，費用便益分析理論に基づく計算により，アウトカム測定値である減少交通量（単位：台）や減少走行時間（単位：分）などを貨幣価額（単位：円）に変換する。即ちここでは，「原単位」[15]が共通のパラメタ値として設定され，これによって，数・量で示されたアウトカムが貨幣価額に変換される。したがって，政府による規制・規定に基づく画一的な計算方法で測定されたアウトカム測定値（単位：円）は，過年度・他部門・他組織（他政府）と共通の変数に基づいて計算された数値となり得る。つまりこれが，相対的な価額としてのアウトカム測定値になるのである。

4.2　事務事業評価への適合性比較

　以上により，ベンチマーキングと費用便益分析のアウトカム測定プロセスにつき，相違点が明らかにされた。そして第2章で示された，アウトカム測定値の主観介在の問題が，特にベンチマーキングにおいて顕在化することが明らかとなった。そこで，費用便益分析とベンチマーキングのそれぞれについて，事務事業評価に適合する点と，内在する問題点とを整理すると，図表6.7のようになる。

図表6.7　費用便益分析とベンチマーキングのアウトカム測定の適合点・問題点

	事務事業評価に適合する点	内在問題点
費用便益分析	・「原単位」等の設定ができれば，測定値の主観介在が回避可能となる。 ・「原単位」等の統一的設定ができれば，他の組織・部門との「比較可能性」が向上する。 ・費用（インプット）と便益（アウトカム）の関連情報（コストーアウトカム測定値）を"円"で測定・表示でき，他の組織・部門との「比較可能性」が向上する。	・需要量変化の測定（需要曲線の導出）が困難である。 ・「一般化費用」を網羅的に設定することが困難である。 ・測定および表示に要するコストがベンチマーキングよりも大きい。
ベンチマーキング	・測定および表示に要するコストが費用便益分析よりも小さい。 ・達成度によってアウトカムを把握するため，理解しやすい。	・達成度測定の前提となる，指標・基準に主観が介在する。 ・費用（インプット）との関係が明らかにされにくい。

　表に示された，費用便益分析が事務事業評価に適合する点として，「原単位」等の設定により，測定値の主観介在が回避可能になることが挙げられる。規制などによる「原単位」の画一的設定によって，他の組織・部門との比較可能性が向上する。例えば，国土交通省「費用便益分析マニュアル」のように「原単位」を一律に設定することができれば，すべての組織・部門がこれを用いてアウトカムを測定することになり，主観介在の回避と，測定値の「比較可能性」向上を達成することが可能となる[16]。

同じく適合点として，便益を貨幣で測定・表示できれば，コストーアウトカム測定値に対する主観の介在を回避することができる。GASB［1994］が規定するSEA報告の「基本目的」である「資源の利用とアウトカムとの関連についての情報の表示」(par.55)について，ここに主観が介在することが，第2章（2.3）において問題点として指摘された。当該「関連情報」は，アウトカム単位あたりに利用されたコストであり，過年度，設定目標，標準，他部門との比較により，政策の「成果」を評価するための測定値である。ここで問題となるのは，アウトカムあたりに利用された資源（コスト）が測定されたとしても，当該測定が「ベンチマーキング」によるもので，分母となる項目および測定単位が統一的でないことである[17]。これに対し，便益（アウトカム）を貨幣価額で測定できれば，費用（インプット）と便益（アウトカム）の表示単位が同じ"円"であることから，他部門・組織との同一単位による比較が可能となる。即ち，「アウトカム1単位当たりのコスト（円）」という測定単位で統一されるのである。

　したがって以上より，事務事業評価に対する費用便益分析の適用が進展しない事由である，①需要量変化の測定が困難であること，②一般化費用を網羅的に設定することが困難であること，③測定および表示に要するコストが大きいこと，の問題点を検証・検討することで，主観が排除され，他部門・組織との比較が可能なアウトカム測定値の表示が可能となる。

5．おわりに（考察の結論）

　以上のとおり本章では，政策評価におけるアウトカムの測定において，CBA理論に基づく便益の貨幣的測定の方法が考察された。現行の事務事業評価では，アウトカムの測定値として「ベンチマーク」の達成度が表示されている。これは，基準となる目標値に対する達成度（基準と実績の比率）をもってアウトカムの測定値とし，政策の「有効性」を査定しようとするものである。そして当該測定では，ベンチマークの項目およびその水準が，設定者の主観によ

第6章　公共事業の費用便益分析による「アウトカム」の業績測定

り設定される。この場合，他政府・組織の同様の政策において，異なるベンチマークが設定される可能性がある。また，測定単位についても，貨幣価額（円）よりも数・量である場合が多く，他政府・組織との比較が困難となる。

したがって，事務事業評価におけるアウトカム測定に対し，CBA理論に基づく便益の貨幣的測定（単位：円）を適用することにより，主観介在が回避され，「比較可能性」を具備したアウトカム測定値を表示することが可能になる。

（注）
(1)　ここでいう便益とは，「個人がある状態にいるときと，別の状態にいるときとを比較して，どれだけ多く支払ってもよいと考えているか」という「支払い意欲」で測定される貨幣価額である（Stiglitz [2000], 藪下訳 [2003], 132頁）。
(2)　国土交通省 [2008]，7頁。なお，「トリップ」とは，ある地点からある地点への，ある目的を持った人の移動をいう。また，「リンク」とは，道路の1区間で，両端（ノードと呼ぶ）を結んだ道路をいう（図表6．3も参照）。
(3)　同上稿，9頁。
(4)　なお，交通事故の社会的損失は，運転者・同乗車・歩行者に関する人的損害額，交通事故により損壊を受ける車両や構築物に関する物的損害額，事故渋滞による損失額などがある（同上稿，12－13頁）。
(5)　同上稿，16頁。
(6)　公共事業の費用便益分析については，中央政府の各府庁においても制度化が進んでいる。総務省の「公共事業に関する評価実施要領・費用対効果分析マニュアル等の策定状況一覧（平成23年）」によれば，国土交通省以外に，厚生労働省，農林水産省，経済産業省，環境省において，費用便益分析による政策評価が進められている。
(7)　交通工学研究会 [2008]，12頁。
(8)　同上書，57頁。
(9)　需要関数は，財X_2の価格P_2と予算制約条件を一定とした場合に財X_1の価格P_1の変化に応じて需要量がどう変化するかを示した「マーシャルの需要関数」に基づく。
　　これを$X_1 = D_1 (P_1, \bar{P}_2, \bar{I})$とすれば，逆関数は$P_1 = P_1 (X_1, \bar{P}_2, \bar{I})$となる。
(10)　交通工学研究会 [2008]，58頁。
(11)　同上書，59頁。
(12)　同上書，60頁。国土交通省マニュアルでは，需要量算出の規定がなく，政策実施有無による需要量の変化は想定されていない。
(13)　同上書，59頁。
(14)　第2章（2．2）でも述べられたとおり，GASB [1994] では，アウトプット測定値の例として，「進級または卒業した学生数」を挙げているが，本来は「提供された

⒂　教職員数」がアウトプットであり，当該測定値は提供サービスから発現したアウトカムの「業績測定」値である。こうして「実績アウトカム」は，提供サービスの効果によって生じた現象の数・量と考えるべきである。

⒂　原単位とは，分・台あたりの"円"の数値であり，「品質」の差を「価格」の差に変換するものである（金本他［2006］, 39頁）。

⒃　GASB［1994］において，部外者が設定した業績の基準や標準，他の政府機関との比較が可能なSEA測定値を表示すべきであると規定されている（par.63）。

⒄　例として「読解について一定習熟度を達成した学生1人当たりのコスト」につき，"一定習熟度"の基準を他組織と統一することは困難と思われる。

【参考文献】

GASB［1994］, *Service Efforts and Accomplishments Reporting*, Concepts Statement No. 2 of the Governmental Accounting Standards Board.

Joseph E. Stiglitz［2000］, Economics of the Public Sector, W. W. Norton & Co. Inc. (NP)．藪下史郎訳［2003］『スティグリッツ公共経済学・上』東洋経済新報社。

金本良嗣・蓮池勝人・藤原徹［2006］『政策評価ミクロモデル』東洋経済新報社。

交通工学研究会［2008］『道路投資の費用便益分析』交通工学研究会。

国土交通省［2008］「費用便益分析マニュアル」国土交通省。

第7章
事務事業のアウトカム測定における「費用便益分析」の適用考察

1．はじめに（考察の目的）

　これまでの考察では，アウトカム測定値に内在する問題点として「ベンチマーキングにおける目標値設定に主観が介在すること」，「アウトプットとアウトカムの測定値につき同視化され類別が不明確であること」が抽出され，目標仮説として「アウトカムを貨幣価額で測定することで主観介在を回避して適正な査定を可能にする」ことが設定された。

　そして前章（第6章）では，費用便益分析理論に基づくアウトカムの測定について，「公共事業」における適用の考察が行われた。そこでは，国土交通省「費用便益分析マニュアル」に基づいた，受益者便益の貨幣的測定の理論および実践内容が示された。当該測定の方法とは，社会資本形成などの公共投資に起因する「一般化費用」減少の価額を便益（増加額）とするものであった。

　本章はこれを受け，「事務事業」のアウトカムに対し如何なる理論・方法を援用すれば貨幣的測定を適用し得るかにつき，規範演繹的研究を行う。最初に，事務事業のアウトカムを貨幣的測定する意義について述べたうえで，当該測定に内在する制約事項を明らかにする（第2節）。そのうえで，「事務事業評価」において，費用便益分析理論に基づくアウトカム測定を如何に適用すれば良いかについて，演繹的考察を進めていく（第3節）。

　こうして事務事業評価に対し，目標仮説である「アウトカムを貨幣価額で測

定することにより主観介在を回避する」ことの可否について検証する。

2. 事務事業のアウトカムを貨幣測定する意義と制約

　ここではまず，情報利用者への開示に内在する機能の観点から，事務事業のアウトカムを貨幣測定する意義について述べる。そのうえで，当該測定に存在する制約事項を明らかにする。

2.1　事務事業のアウトカムを貨幣測定する意義
　第4章と第5章で説明されたとおり，政府全体の行政コスト計算書および純資産変動計算書は，当該情報自体の査定（即ち発生行政コストおよび純資産変動価額の把握）のみならず，法効力によって得た税収を財源とする政府支出の，当該期間における均衡性および将来に対する期間衡平性を査定するものである。
　図表7.1で示されたとおり，企業の場合，「努力」として自社のために何らかの支出が行われ，「成果」として収益が獲得される。そして情報利用者は，支出に見合う収益がもたらされたかを純利益によって判断し，意思決定に利用する。これに対し政府の場合は，法効力により徴収され初めから存在する収入に基づいて予算を編成し，住民のために支出を行う。情報利用者は，当該年度の収入に見合う支出が行われたかの予算遵守，および将来に負担が転嫁されていないかの期間衡平性について，会計情報によって判断することになる。

図表7.1　企業会計と政府会計の機能比較

	初期行動 ➡	行動の目的 ➡	結果評価の指標 ➡	指標の機能
企業会計	自社のため支出 （努力）	収益を獲得	純利益 （収益 − 費用）	投資意思決定
政府会計	法効力で収入獲得	住民のため支出	差額 （収入 − 支出）	予算遵守査定 期間衡平性査定

第7章　事務事業のアウトカム測定における「費用便益分析」の適用考察

　そして，事務事業の業績評価システムでは，財務項目のセグメント情報が主に測定・表示される。当該情報である行政コスト情報および純資産変動情報は，即ちインプットと財源の測定値であり，これを利用することで，如何にコストを少なくできたか（経済性），財源に将来負担額がどれだけ存在するか（期間衡平性），の評価が可能となる。

　しかし，事務事業における財源は，法律により強制的に徴収される税金が主なものであり，かりに当該事業が収入余剰であっても，政府の「努力」に対する「成果」の測定値とはならない。ここで「成果」の情報となり得るのは，予算執行によって受益者にどれだけ便益（アウトカム）が生じたかの測定値である。

　そして現行のわが国政策評価システムでは，事務事業のアウトカムの業績測定を，ベンチマーキングによって実施している（第6章参照）。ところが当該測定値は，設定者の主観により設定された目標値に対する達成度の数値であり，受益者便益（アウトカム）の価額ではない。この場合，サービスの受け手にとっての「有効性」を把握できない。

　これに対し，費用便益分析理論に基づくアウトカムの貨幣的測定によれば，主観の介在しない業績測定が可能となる。これにより，事業を実施した政府は，当該「努力」の「成果」を主観によらず測定・表示でき，説明責任を全うすることができる。また情報利用者である住民は，提供サービスの評価を行うのみならず，自分の好みに合う地域的公共財を提供する地方政府を選択するための意思決定が可能となる[1]。

2.2　貨幣価額によるアウトカム測定の制約事項

　以上のように，事務事業における政府支出（インプット）の成果（アウトカム）を貨幣価額で測定・表示すれば，情報利用者に対し説明責任を果たすことが可能となる。しかし実際には，事務事業評価において当該情報の表示は行われていない（平成25年時点）。当該事由として，総務省「規制の事前評価の実施に関するガイドライン」（平成19年）では，以下のような「費用便益分析」の制

約の存在を指摘している。

　「費用」又は「便益」は，それぞれ金銭価値化された要素と金銭価値化されない要素とを共に含むものとする。すなわち，「費用」又は「便益」とあっても，金銭価値化できない要素についてまで金銭価値化されていることを前提とするものではない。

　そしてガイドラインでは，「客観的な評価を行うためには，費用及び便益は，可能な限り定量化又は金銭価値化して示すことが望ましい。（中略）費用は，便益と比べて，金銭価値化による推計を行いやすい面があることに留意すべきである。なお，定量化と金銭価値化の両方が可能な場合は，両者を行って説明するよう努める。」と述べられている。ここにおいて，便益は，費用と比べて，金銭価値化による推計を行いにくいことが明言されている。
　便益の金銭価値化（貨幣的測定）について，費用便益分析理論では，「一般化費用」を特定し，事業執行による当該減少価額をもって，便益増加額とする（第6章にて説明）。例えば公共事業の道路投資においては，「走行時間」・「走行経費」・「交通事故」が「一般化費用」に設定され，投資・整備に伴う当該費用減少価額が，即ち便益（アウトカム）の測定値となる。ところが，事務事業の便益測定においては，このような「金銭価値化された要素」（前掲，総務省ガイドライン）が特定されにくいことが，制約事項として顕在化するのである[2]。

3．「事務事業」のアウトカム測定における「費用便益分析」の適用

　前章（第6章）では，政府が施行する「公共事業」に対する，国土交通省「費用便益分析マニュアル」に基づいた便益の測定理論・方法が説明された。便益とは，政策実施により発現する「成果」の貨幣的測定値であり，政策評価システムにおいては，アウトカム測定値がこれに該当する（第1章参照）。他方，

第7章　事務事業のアウトカム測定における「費用便益分析」の適用考察

「事務事業」では，アウトカムの測定を「ベンチマーキング」によって実施し，貨幣的測定は行われない（第6章参照）。かかる状況において，ベンチマーキングの主観介在の問題が顕在化する。そこで本節では，費用便益分析による便益測定の先行研究および事例を分析し，しかるのち「事務事業」の便益（アウトカム）測定への，当該理論・手法の適用可否について考察する。

3.1　「費用便益分析」理論に基づく便益の測定

　前章（第6章）で説明されたとおり，国土交通省マニュアルの「総交通費用アプローチ」においては，需要量の増加がゼロの場合が想定されている（第6章・図表6.4参照）。つまりこの場合は，消費者余剰が考慮されないため，需要関数が垂直となる。これは，道路を拡張しても当該道路自体の需要は増えず需要が固定であり，時間費用・燃料費・疲労等苦痛などの一般化費用のみの減少（即ち便益の増加）が想定される。こうしたアプローチは，需要曲線の推定が困難な場合に有効な手段となる。

　他方，金本他［2006］では，需要曲線を設定したうえでの便益測定例を示している。これは，アメリカの「道路費用便益分析マニュアル」で推奨されたものであり，投資前と投資後の一般化費用の比較に際して，高速道路と一般道路を比較するものである[3]。

　測定の前提として，社会的便益は，①高速道路利用者の消費者余剰の増加，②料金・燃料税収入など生産者（政府）余剰の増加，③外部費用の減少，の3点より構成される。そして，高速道路を建設しない場合の一般化費用は，「一般道」のそれで代替されている。かかる前提に基づいた便益測定の概念図を示すと，次の図表7.2のとおりである。

　まず，消費者余剰の増加分は，一般道走行の一般化費用／台（点P_1）から，高速道路走行の一般化費用／台（点P_2）を差し引き，この数値に交通量／日（Q_2-Q_1）を乗じ，2で割ることで，△P_1AP_2の面積として求まる。これが，1日当たりの便益の価額になる。そしてこれに365日を乗じた数値が，高速道路投資による消費者余剰増加の便益価額（単位：円）である。

図表7.2　需要曲線を設定した高速道路投資の便益

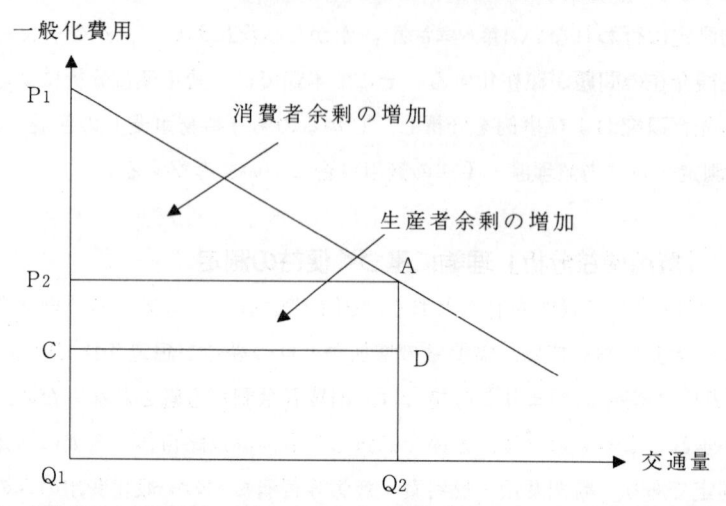

一般化費用／交通量（縦軸：一般化費用、横軸：交通量）

図中のラベル：P₁、P₂、C、A、D、Q₁、Q₂、「消費者余剰の増加」、「生産者余剰の増加」

出所：金本良嗣・蓮池勝人・藤原徹［2006］『政策評価ミクロモデル』、65頁を参照。

　次に、生産者余剰の増加分は、高速道路における料金・燃料税収入（全台数）から、一般道における同減少分（全台数）を差し引いた価額である。概念図において、Ｃの価額は、平均社会的費用（利用者費用、即ち一般化費用から料金・燃料税収入を差し引いた額と、外部費用の合計額）である。そこで、P₂マイナスＣの値は、料金・燃料税収入から外部費用を差し引いた金額である。これに交通量／日（Q₂－Q₁）を乗じ、□P₂ＡＤＣの面積が求まる[4]。そしてこれに365日を乗じた数値が、高速道路投資による生産者余剰増加の便益価額（単位：円）である。

　さらに、消費者余剰の増加分と生産者余剰の増加分の合計から、外部費用として温暖化ガス排出、大気汚染、事故費用につき、高速道路の増加分と一般道路の減少分を相殺して、増加便益額が算出される。

　こうして、社会的便益は、消費者余剰の増加、政府収入の増加、外部費用の減少を合計して求められる。そして最後に、社会的便益が40年間一定であると仮定して、割引率４％で割引現在価値を計算し、建設費用を差し引くことで、純便益が計算される。

3.2 「事務事業」の便益測定への費用便益分析の適用

以上の「消費者余剰アプローチ」の適用に対し，以下では「総交通費用アプローチ」に基づいて，事務事業評価への適用方法を考察する。

(1) 便益要素の設定

前章（第6章）で示されたとおり，国土交通省「費用便益分析マニュアル」における便益測定は，公共事業の直接的効果を受ける主体である"道路利用者"に対して生じる要素が対象となる。即ち，「走行時間短縮便益」・「走行経費減少便益」・「交通事故減少便益」の3要素である。また，当該マニュアルでは測定対象とされていないが，「居住者」に対し直接的効果がある騒音・大気汚染などの改善についても，便益測定の対象となり得る。前掲の，総務省「規制の事前評価の実施に関するガイドライン」（平成19年）では，便益の要素について，以下のように指摘している。

　規制の新設又は改廃によって，発生又は増減することが見込まれる具体的な費用及び便益の要素を可能な限り列挙し，説明する。そして，各要素について，費用を負担する主体又は便益を受ける主体を示すとともに，各要素の発生過程を説明する。

このように，事業により生じる便益の"要素"，および便益を受ける"主体"について網羅的に設定するための手法として「道路投資の評価に関する指針検討委員会」では，「便益帰着連関表」による整理を行っている[5]。その概略は，図表7.3のとおりである。

図表7.3　便益帰着連関表（概略）

		道路事業者	対象道路利用者	代替道路利用者	居住者	政府
直接効果	走行時間短縮		＋	＋		
	走行費用減少		＋			
	交通事故減少		＋	＋		
	走行快適性の向上		＋	＋		
	利用料負担		－			
	環境（騒音）				＋	
	環境（大気汚染）				＋	
間接効果	租税収入					＋
	補助金	＋				－
	出資金	＋				－
事業収支	利用料収入	＋				
	建設費	－				
	維持補修費	－				

（＋：正の効果　－：負の効果）
出所：道路投資の評価に関する指針検討委員会［1998］，10頁に基づき筆者がまとめた。

(2)　「原単位」の設定による便益測定

　このように，事業の特質に基づいて便益の要素を設定し，各々に対し，品質を価格に置き換えた「原単位」[6]を設定することにより，事務事業に対しても，便益増加額（一般化費用減少額）の貨幣的測定が可能となる。原単位としては，時間価値，人的損失額，環境質の価値などが想定できる[7]。

　そして，事務事業を「実施する場合（with）」と「実施しない場合（without）」の違いについて最も把握されやすいのは，時間価値の原単位である。受益者は，事務事業により提供されるサービスを受け取ることにより時間が節約されやすく，かつ1人当たりの当該変化量の把握が可能と考えられる。

　このように，サービスによって節約される時間を，労働などの所得機会に充当させた場合に得られる所得の増分をもって時間価値を計測する方法として，

「所得接近法」がある[8]。この場合の時間価値は，利用者の時間当たり賃金である「賃金率」（就業者の業種や居住地域などの特性を踏まえて設定）によって計算される。

またこれ以外に，「機会費用法」による時間価値の計測方法がある。機会費用とは，「ある選択肢を選択する際に，その他の対案の中で最も高い収益が得られる選択肢の収益」[9]として定義される。即ち，事業の成果による受益者の活動時間短縮により，その分市場で早く経済取引が為されるため，当該収益を投資に回すことで金利分として得られる収益から，時間価値を計測しようとするものである[10]。

以上のような方法によって，受益者の時間価値原単位を計測することができれば，これに，事務事業の提供サービスによって獲得された（短縮された）時間を乗じることで，一般化費用の減少額が測定できる。そして，これに需要量を乗じることによって，増加した便益の貨幣価額を測定することが可能となる[11]。計算式は，次のようになる。

時間短縮便益
　＝｛(事業未実施時の一般化費用)－(事業実施時の一般化費用)｝×需要量
　※　一般化費用＝時間価値原単位(円／時間・人)×時間

また事務事業は，主たる貨幣流出が経費的支出によるものであるため，将来に渡る便益の発現は生じにくい。このため，割引現在価値の計算は想定しなくても良いと考えられる。

(3) 費用節減便益の測定

事務事業の対象となるサービスについて，これを政府から得られない場合，代わりに自らでこれを調達することが可能である。公共事業によって提供されるのは，道路・港湾・橋梁など社会資本を形成するインフラが主なものであり，受益者自身でこれを調達するのは困難である。これに対し事務事業は，教育・福祉・健康・環境・国際交流など，法人や個人の支出で対応することが可能な

サービスが多く含まれる。そこで，当該事業の執行による直接的効果として支出を免れた額をもって一般化費用の減少額とみなし，便益増加額とすることが可能である[12]。

また，事業で設定された規制の効果によって一般化費用が減少する場合もある。このような事例として，アメリカで実施された燃費規制の費用便益分析では，小型トラックに対して適用される企業別平均燃費規制について，経費減少の便益が貨幣測定されている[13]。ここで測定される便益（社会的便益）の主なものは，「燃費の改善による燃料費用の減少」である[14]。即ち，当該政策の実施によって，影響力を持つ社会全体でどれだけ燃費改善が見られたかを推計し，これをもとに便益を測定するものである。

したがって，特定事務事業の執行によって，受益者が支払うべき費用（コスト）の軽減価額が測定できる場合には，社会全体における当該減少額を便益（アウトカム）の測定値とすることが可能と考えられる。

3.3　費用便益分析による「事務事業」便益測定の可否

以上のとおり，費用便益分析理論に基づく事務事業のアウトカム測定においては，提供サービスにより受益者が得る便益が，貨幣価額（単位：円）によって表示される。そして，測定方法，便益要素，原単位と当該価額について，マニュアル等によって統一的に規制することにより，内部の他部門および別組織（他政府）との間において，測定値を比較することが可能となる。また，アウトカムが，インプットと同一単位である"円"で測定・表示されるため，双方を対応・対比させることもできる。

ただし，こうした費用便益分析についても，これまでに問題点が指摘されている。沢田［1995］では，①部分均衡分析を前提とし経済全体の相対価格不変が前提であり支出規模が小さい場合に分析適用が限られること，②消費者余剰の計測を前提とした場合に需要曲線の導出が現実には困難であること，③便益の定義（便益要素の設定）や測定に分析者の恣意が介入すること，④計測されない便益がある一方で二重計上される便益があること，等が挙げられている[15]。

第7章　事務事業のアウトカム測定における「費用便益分析」の適用考察

　そして以上のことは，主に公共事業評価における費用便益分析の問題点であるが，事務事業評価においては，別の問題点が存在する。まず，公共事業に比べて事務事業では，提供される内容・種類が多いことが特質に挙げられる。公共事業は，社会資本形成のためのインフラ投資・整備が中心で，その範囲は限定的である。これに対し事務事業は，教育・福祉・健康・環境・国際交流など多岐に渡り，都道府県や大都市では事業数が1,000を超える。かつ各々について，一般化費用減少項目が異なることが多いため，便益要素の網羅性を具備した測定が困難である（時間・人的損失・経費の減少など，共通の項目の設定は可能）。

　このように，事務事業に対する便益の貨幣的測定・表示には看過できない問題点が存在するが，現行システムで適用されているベンチマーキングとの比較衡量により，いずれがより有用であるか（もしくは併用するのが良いか）の検証が必要である。

　第6章で述べられたとおり，ベンチマーキングによるアウトカム測定値は，「目標値」や「成果が達成されたとする割合」などにつき設定者の主観が介在するものの，目標達成度を測定するための要素として，「実績」の数・量が用いられる。これに対し費用便益分析理論に基づくアウトカム測定値は，上述のとおり，設定された前提（便益要素・原単位など）に基づいて測定される，推定の数値である。

　ただし，国土交通省「費用便益分析マニュアル」のような規定に基づいて多くの政府機関が共通の便益を測定した場合には，ベンチマーキングのように絶対的な実績値を測定に用いなくとも，比較可能性を確保することができる。即ち，すべて同じ便益要素，計算式，原単位で測定されたアウトカムの貨幣的測定値が表示されることになる。

　現在（平成25年）のわが国では，事務事業における便益要素が多岐に渡ることが一因となり，費用便益分析が適用されていない。しかし，事務事業の便益要素を「時間減少」もしくは「経費低減」に限ったとしても，これと原単位とがマニュアル等の規定において共通に定められていれば，過年度，部門間，他政府組織などとの比較によって，管理者の主観を介さないアウトカム測定値が

表示されて，情報利用者が当該事業の「有効性」を査定できるものと考える。

4．おわりに（考察の結論）

　本章では，費用便益分析に基づく便益測定の理論を援用した，「事務事業」のアウトカムに対する貨幣的測定について考察された。公共事業の便益は，時間・経費・事故（トラブル）などの減少価額（一般化費用の減少）に基づいて測定されたが，事務事業においても同様に，サービス受益者における時間・経費などの減少価額測定によって，便益の価額が測定可能と考える。そして，貨幣で測定された当該便益の価額が，事務事業のアウトカム測定値となり，「有効性」の査定に資する情報となる。

　現行（平成25年）の政策評価システムでは，アウトカムの測定値として「ベンチマーク」の達成度が適用・表示されている。これは，基準となる目標値をあらかじめ定めておき，これに対する達成度（基準と実績の比率）をもってアウトカムの測定値とし，政策の「有効性」を査定しようとするものである。当該測定に内在する問題点は，ベンチマークの目標水準が，設定者の意思で設定されることにある。この場合，他政府・組織と同様の政策において，異なるベンチマークが設定されることになってしまう。また測定単位についても，貨幣価額（単位：円）のみならず数量でも示されるため，他との比較が可能とならない（比較可能性の問題）。

　そこで，「事務事業」評価システムにおけるアウトカム測定に対し，費用便益分析理論に基づく便益の貨幣的測定を適用することにより，測定の前提条件と表示単位が統一され，比較可能性を具備したアウトカム測定値を表示することが可能になると判断する。

　こうして，第3章で設定された「アウトカムを貨幣価額で測定することで主観介在を回避して適正な査定を可能にする」という目標仮説に依拠して，費用便益分析でアウトカムを貨幣的に測定することにより，第2章で示された「事務事業のアウトカム測定において主観が介在すること」の問題点を回避できる

第7章　事務事業のアウトカム測定における「費用便益分析」の適用考察

ものと結論付ける。

(注)
(1) このような考え方は、財政学における「足による投票」の概念と類似する。即ち、市民は自分の好みに合う地域的公共財を提供する地方政府をその税負担との比較を考慮に入れつつ選択し、現実に特定の地域に居住することで投票者の好みが示される。これらの点は、貝塚［2003］、83-84頁参照。
(2) Stiglitz［2000］においては、こうした貨幣価額での便益につき、「時間」、「人名価値」、「天然資源」を測定の要素に挙げている（Stiglitz［2000］、藪下訳［2003］、354-359頁）。この他、藤枝［2001］では、K. W. カップおよび W. ミハルスキーにより設定された一般化費用の項目が示されている。ここでは、「生産による人間の損傷」、「大気汚染、水質汚濁」、「騒音」、「エネルギー資源の早期枯渇」、「失業と資源の遊休」などが挙げられている（藤枝［2001］、120-126頁）。
(3) 金本他［2006］、62頁、AASHTO［2003］、pp.3-14引用。
(4) 一般道における生産者余剰の減少分の概念図は、ここでは省略した。詳しくは、金本他［2006］、65頁を参照。
(5) 道路投資の評価に関する指針検討委員会編［1998］、9-10頁。
(6) 「費用便益分析マニュアル」によれば、例えば車種別の時間価値の「原単位」（円／分・台）は、自動車が40.10円、バスが374.27円である（国土交通省［2008］、7頁）。
(7) 国土交通省［2004］、11頁。
(8) 同上稿、15頁。
(9) 同上稿、15頁。
(10) また、移動時間の短縮により、当該車両を追加的な余暇機会や営業機会に充当できると考え、レンタル・リース価格などの市場価格から時間価値を計測する方法もある（同上稿、15頁）。
(11) 第6章で示した「総交通費用アプローチ」では、垂直の需要曲線が前提であるため、一般化費用の差額（減少額）に需要量を乗じることで、便益増加額が算出される。他方、前掲、金本他［2006］で明らかにされたとおり、これまでに需要が確認されず、新規事業により需要が創成されたケースでは、需要曲線の設定に基づく増加便益の測定が可能となる。即ち、当該事業（事例では高速道路の整備）の一般化費用と、代替手段（事例ではこれまでの一般道の通行）の一般化費用とを測定し、当該差額に需要量を乗じて2で割ることによって、便益を貨幣価額で測定することができる。代替手段を実施した場合に需要量をゼロとし、当該事業の実施による需要増加数をもって、便益測定における需要量とするものである。これにより、図表7.2のとおり、需要曲線の設定を前提とした（つまり通常の「消費者余剰アプローチ」に基づいた）便益測定ができる。
(12) 例えば、福祉施設の設備・サービスを拡充させることにより、利用者は私的機関・団体に支払う費用が軽減される。

⒀ 金本［2004］, 12-16頁参照。
⒁ この他，原油輸入減少による，OPECの価格支配力減少などの外部費用減少も社会的便益として測定されている（金本［2004］, 12頁）。
⒂ 沢田［1995］,（http://www.jbaudit.go.jp/effortstudy/mag/ 12-3）参照。

【参考文献】

AASHTO［2003］, *User Benefit Analysis for Highway Manual*, AASHTO.
J.E.Stiglitz［2000］, *Economics of the Public Sector*, W. W. Norton & Co. Inc.（NP），藪下史郎訳［2003］『スティグリッツ公共経済学・上』東洋経済新報社。
貝塚啓明［2003］『財政学［第3版］』東京大学出版会。
金本良嗣［2004］「消費者余剰アプローチによる政策評価」RIETI Discussion Paper Series 04-J-042。
金本良嗣・蓮池勝人・藤原徹［2006］『政策評価ミクロモデル』，東洋経済新報社。
国土交通省［2004］「公共事業評価の費用便益分析に関する技術指針」国土交通省。
――――［2008］「費用便益分析マニュアル」国土交通省。
沢田達也［1995］「費用便益分析と有効性の検査」『会計検査研究』第12号。
道路投資の評価に関する指針検討委員会編［1998］『道路投資の評価に関する指針（案）』日本総合研究所。
藤枝省人［2001］『経済社会の社会的便益費用分析』税務経理協会。

結 章

研究の総括

 以上のとおり，本研究は，問題点抽出とこれを解決するための目標仮説に基づき，規範演繹的考察による結論導出が行われた。
 結章では，これまでの考察の結論について，各章ごとにまとめる。しかる後に，本研究の結論を示すこととする。

序章のまとめ

 序章ではまず，社会的制度設計において示唆・視点を提供する概念として，「目的論的関連」および「因果関連」の存在が指摘されている。
 目的論的関連とは，目的を設定しその目的を達成するための手段を選択する「目的－手段の関係」をいう。研究では，「目的」および「手段」の定式化の淵源となった「必要性」が何であるかを探り当て，当該欠如点を明確にし，しかる後に制度設計が行われることになる。そこで，政府（中央および地方政府）の規制で定式化されている政策評価の「目的」に基づいた，新たな「目的」定式化を目指しつつ，当該定式化プロセスに内在する問題点の抽出を目途に掲げる。また，目的論的関連は「目的を設定し手段を選択するという関係」の概念であることから，「手段」として想定される，GASBおよびわが国政府が設定した表示項目について，検証を通じた問題点の抽出が企図される。
 次に，因果－結果の関係」をいい，「ある目的の達成を可能（あるいは不可能）にした客観的条件を追跡する概念」である。会計規制機能への当該概念の援用につき，因果関連を構成する諸条件（社会的な広さをもって実務に受容された

もの)を「規制機能の主導要因」として集約できる。藤井秀樹教授の研究によれば，かかる主導要因が，政治規制（法令等を通じた政府の直接規制に依拠して会計機能の発現を図る）と市場規律（市場メカニズムに依拠して会計機能の発現を図る）に峻別される。そして当該峻別に起因して，「規制機能の主導要因として政府規制と市場規律のいずれを想定するべきか」という問題が提起される。本研究では，藤井教授が示した因果関連の観点を援用し，政策評価の制度設計における問題の抽出・提起が行われている。

政策評価の制度においては，市場メカニズムに依拠した市場規律が存在せず，政府規制のみが，実務に結実する主導要因となる。このような因果関連の状況において提起され得るのは，「規制機能の主導要因が政府規制のみの一方向である場合に生じる問題」である。そこで，政府の直接規制に依拠して政策評価機能の発現を図る場合に生じる問題点が抽出されることになる。

こうして問題点が抽出されたのち，問題点考察による結論導出のための研究方法として，德賀芳弘教授が示した，目標仮説から経験に頼らず演繹的な推論のみで必然的な結論に到達しようとする「規範演繹的研究」を，本研究で行うことを示した。即ち，抽出された政策評価システムの問題点に対し，当該解決のための目標仮説（当為）を設定し，演繹的推論で必然的な結論を導出しようとするものである。

第1章のまとめ

第1章では，政策評価に関する先行研究，および政府が規制する業績評価の制度・規制についてサーベイし，現行システムの到達点を明らかにしている。まず，政府活動の「業績評価」プロセスを明らかにし，次に政府会計概念書で規定された表示項目を示し，政策評価において測定・表示される情報が如何なるものかが把握された。これらの分析によって，政府規制・通達に基づいて実施される政策評価の実態が把握され，第2章における問題点抽出が可能となった。

政府活動の「業績評価」は，以下のようにして達成されることになる。
① 設定「目標」に基づく，「投入」業務（インプット）における，コストの最小化を図る「経済性」を，評価すること。
② 「投入」業務に基づく，「提供」業務（アウトプット）における，資源提供の最大化を図る「効率性」を，評価すること。
③ 「提供」業務がもたらす，「効果」発現（アウトカム）に対し，設定「目標」の達成度合である「有効性」を，評価すること。

また，GASBにおいて示された，SEA報告（政策評価に相当）のための測定値についてまとめると，次のとおりである。
・インプットの測定値は，政策実施のための原資である。「支出／費用の財務的測定値」および「努力の測定値」として分類され，会計においていずれかの予算科目（款・項・目）に含められるべき貨幣価額である。
・アウトプットの測定値は，受益者に対する財・サービスの提供量である。インプットである支出／費用（人件費・経費など）を財源とする活動により提供されたサービスの物量，および特定要件を満たすアウトプットの全体に対する割合である。
・アウトカムの測定値は，「提供された資源・サービスから生じた成果または結果を測定するもの」である。アウトプットのうち特定の水準に達したものの割合（達成度の数値），過年度の結果・設定目標・一般に認められた基準／標準，政府機関の他の部門などと比較に基づく測定値，が挙げられる。

以上のように政策評価システムとは，活動業績の「経済性」・「効率性」・「有効性」を，インプット・アウトプット・アウトカムの測定値によって評価し，次年度予算編成のためフィードバックするための，組織・制度といえる。

第2章のまとめ

　第2章では，制度設計に示唆・視点を提供する概念である「目的論的関連」および「因果関連」の観点に基づき，内在する問題点の抽出を行った。

　「目的論的関連」とは，「目的」を設定しその「目的」を達成するための手段を選択する「目的－手段の関係」をいい，藤井秀樹教授によれば，制度設計において「必要性の視点」を提供する概念である。当該概念を拠り所とすれば，「目的」および当該達成のための「手段」の内容を含めて，制度に反映されるべき「必要性」が何かを特定し，当該欠如に起因する問題点を抽出し，当該問題点を斟酌しつつ制度設計が行われることになる。そして，企業会計の制度設計における「財務報告の主目的」の定式化は，利害調整（受託財産の保全と処分可能利益の計算）と情報提供（意思決定情報の提供）のいずれを選択するかという問題提起を通じて実施される。政策評価の制度設計では，かかる問題提起を参酌・援用し，定式化された当該「目的」の分析によって，内在する問題点を明らかにできる。

　そこで，目的論的関連がある「目的－手段の関係」を手がかりとすれば，政策評価の制度設計において提起され得る問題（内在論点の抽出）は，GASBが定式化したSEA情報の「目的」に対応して設定された「手段」の検証作業によって抽出が可能となる。そしてGASBが設定する「手段」とは，「業績測定」値の表示であり，当該検証作業によって問題点の抽出が本研究で図られた。抽出された問題点として，①期間衡平性を査定するため弁済義務を負う財源の情報が必要であること，②アウトプットとアウトカムの測定値につき同視化され類別が不明確であること，③コスト－アウトカムの測定値につき「成果」が主観に基づくならば当該測定値が正確かどうか判断できないこと，の3点が設定された。

　次に「因果関連」の観点を政策評価の制度設計に適用した場合，問題となるのは，市場メカニズムに依拠した市場規律が政策評価システムには存在せ

ず，政府規制のみが主導要因となる点である。即ち，因果関連において，達成された「結果」とは政策評価システムの制度・実務化であるが，当該達成の「原因」であり客観的条件である規制機能の主導要因は，政府規制のみに拠らざるを得ない。こうした因果関連の状況から導出される問題とは，「規制機能の主導要因が政府規制のみである場合に生じる問題」である。そこで本研究では，「因果関連」の観点から抽出された問題点として，「アウトカム測定値に主観が介在すること」が設定された。

第3章のまとめ

　第3章は，第2章において抽出された各問題点に対して，目標仮説（当為）を設定している。徳賀芳弘教授によれば，目標仮説の設定により，規範演繹的考察への展開が可能となる。
　まず，「期間衡平性査定のための負債変動情報およびコスト情報が必須的に表示されていない」という問題点に対する目標仮説設定を行った。会計上の勘定科目である地方債および借入金は，貸借対照表「負債の部」に表示される科目であり，複式計算構造を前提とすれば，相手勘定は，基本的に「現金」である。そして，セグメントとしての事業単位において，「現金」はインプットのための財源を意味する。したがって，当該財源が，将来年度の納税者に転嫁される負債によって調達される場合には，この価額を表示することにより，「期間衡平性」およびその上位概念である「説明責任」の査定が可能となる。
　またコスト情報である退職給付費用は，行政コスト計算書に表示される科目であり，複式計算構造を前提とすれば，相手勘定は，負債である退職給付引当金である。即ち将来において，当該政策担当者の退職給付が現金で支出されるため，年度の引当繰入額が退職給付費用として計上される。当該コストを政策評価システムにおいて測定・表示することにより，将来に転嫁される人件費の負担価額を把握することができる。そしてこれが「期間衡平性」，およびその上位概念である「説明責任」の査定を可能とする。

以上のようにして,「将来に負担が転嫁される価額を政策評価システムで表示することにより,説明責任および期間衡平性査定の目的を達成することができる」という目標仮説が設定された。

　次に,「アウトカム測定値の主観介在」の問題点については,最初に,政府支出額（インプット）と便益（アウトカム）の関係を「費用便益分析」理論に基づいて考察した結果,アウトカムの価額がインプットの価額より少なくなる可能性が示された。貨幣価額に基づくアウトカム測定値が政府支出額よりも少ない場合,インプットに見合うだけのアウトカムが発現していないことになる。そして,ベンチマーキングによる,当初設定目標の達成度から導出された測定値においては,「成果」到達の度合,即ち何割をもって到達と見なすかが管理者の主観によって判断され,実際にどれだけのアウトカムが価値として生じたかは明らかにされない。

　これに対し,「費用便益分析」理論に基づいて測定された便益増加を貨幣価額で測定することにより,発現した「成果」を主観によらず査定することができる。そこで,「アウトカムを貨幣価額で測定することにより,主観介在を回避し,インプットとの比較を可能とする」という目標仮説が設定された。

第4章のまとめ

　第4章は,抽出問題点である「期間衡平性査定のための情報提供を全うするための,将来年度の納税者に転嫁される情報が必須的に表示されていない」ことに対し,目標仮説に設定された「将来転嫁価額を表示することにより,説明責任および期間衡平性査定の目的を達成する」ことの是非につき,規範演繹的考察を行うものであった。

　まず,「説明責任」概念および「期間衡平性」概念の内容・意義を説明したうえで,当該査定を可能とする政府全体財務書類の情報について明らかにされた。その一つとして,貸借対照表における,負債総額と純資産総額を対比（当該年度比較）することが期間衡平性査定の有効な手段となる。また別の一つと

結章 研究の総括

して，当該年度のコスト総額と収入総額の差額が，同査定のための情報となる。

次に，総務省および東京都によって規定されている「行政コスト計算書」を概観し，政府全体コスト情報の表示項目の特質と，期間衡平性の査定機能の所在について検証された。ここにおいて，「退職給付費用」は，将来にわたる行政活動に対する当該年度の負担価額を示すことになる。即ち，期間の「ズレ」が生じて，当該価額の現金支出は将来に生じる（負担される）ため，これが将来転嫁価額となり，期間衡平性を査定する情報として措定することができる。さらに，東京都では収入とコストの差額である「当期収支差額」が表示され，コスト超過の場合には，当該金額が将来に転嫁されることになるため，将来に負担転嫁されたことが明らかとなる。したがって「当期収支差額」を，会計年度間の期間衡平性査定の情報として措定することができる。

そして，こうした政府全体のコスト表示項目を参酌しつつ，政府活動のセグメントであり予算編成単位である「事務事業」において，如何なるコスト情報が表示されるべきかにつき，会計理論を援用した規範演繹的考察を行い，当該情報が措定された。

行政コスト計算書における「退職給付費用」は，負債性引当金の名目である繰入費用として認識される。そして政策評価システムにおいては「人に対する支出」として，行政担当者に対して将来支払われる退職給付の当該年度発生コストが，退職給付費用の含意である。そこで，事務事業の政策評価においても，担当者に将来支払われる退職給付の当年度配賦額が，間接コストとして測定され得る。発生主義に基づく価額のため当年度に現金支出が生じず，将来に支払が生じる価額であるがゆえに，期間衡平性の査定機能を具備する項目として措定される。

また政府全体の「当期収支差額」にあたる，事務事業の予算超過額が測定・表示されることにより，これが負債でファイナンスされる場合には，当該金額が期間衡平性の査定機能を具備する項目として措定される。

以上のように第4章では，抽出問題点である「期間衡平性査定のための情報提供を全うするための，将来年度の納税者に転嫁される情報が必須的に表示さ

れていない」ことに対し，目標仮説に設定された「将来転嫁価額を表示することにより，説明責任および期間衡平性査定の目的を達成する」ことにつき，規範演繹的考察を行った。そして，事務事業の政策評価において，間接コストとして担当者に将来支払われる退職給付の引当繰入配賦額，および収支差額（もしくは予算超過額）を表示することで，期間衡平性の査定機能を具備するものとなることが説明された。

第5章のまとめ

　第5章は，前章と同じ目標仮説である「政策評価システムにおいて将来転嫁価額を表示することにより，説明責任および期間衡平性査定の目的を達成する」ことの正否について演繹的推論を行い，期間衡平性査定に要する負債変動情報を措定した。

　まず，政府全体の貸借対照表における「純資産の部」の変動価額を測定・表示する「純資産変動計算書」について，表示項目および計算構造が，総務省「新地方公会計制度研究会報告書」の規定に基づいて説明された。

　次に，政府の財政活動における三つの役割，即ち「資源配分」，「所得再分配」，「経済安定化」の役割を果たす活動の，取引事象および成果の表示について説明された。一般に，政府の財政活動である「資源配分」および「経済安定化」の活動においては，財源確保のために公債発行に伴う負債の増加が生じるため，これが期間衡平性に影響を与えることになる。

　とくに「経済安定化」の取引事象のなかで，公共事業（固定資産形成）の調達財源は，将来への負担転嫁につながることになる。このため，当該活動情報を純資産変動計算書で表示することで，「期間衡平性」を査定することができる。将来の納税者は，価値が減耗・減衰した固定資産の便益・サービスを受けながら，過去と同等の負担を持つことになり，かつこれに対する維持補修費用についても，将来に負担が生じることになる。したがって，かりに建設公債を財源とした固定資産形成の場合でも，将来に負担をもたらすことに変わりなく，

当該価額が「期間衡平性」の査定にとって有効と判断される。

そして以上の考察に基づき，政策の構成単位である「事務事業」の評価に対し，「負債変動情報」として表示されるべき項目，および具備する機能について，会計理論を援用した規範演繹的考察が行われた。政府全体の負債変動情報につき，これをセグメントである「事務事業」に賦課して表示することの妥当性について検証した結果，財源の充当が直接的に事業に対して行われるため，間接コストのような配賦計算をする必要がないと判断された。したがって，当該事業に対して割当てられた予算のなかで，公債や借入金を財源とする調達価額（負債の名目科目）が，「負債変動情報」の測定・表示値として措定され，これが，「期間衡平性」を査定する情報になるものと結論付けた。

第6章のまとめ

第6章では，主観介在の問題が内在する，事務事業のアウトカム測定に対し，「貨幣的測定により主観介在を回避して適正な査定を可能にする」という目標仮説の是非検証を眼目として，規範演繹的考察が行われた。まず，経済学の領域において確立された「費用便益分析」理論について説明され，次に国土交通省「費用便益分析マニュアル」の内容分析，および「公共事業評価」に対する同マニュアルの適用事例が示された。

そして当該理解のうえで，事務事業評価におけるアウトカム測定に費用便益分析理論が適用されない事由が示された。これは，①需要量変化の測定が困難であること，②「一般化費用」を網羅的に設定することが困難であること，③測定および表示に要するコストが大きいこと，であった。

ただし，「品質」の差を「価格」の差に変換する「原単位」が設定されれば，測定値の主観介在が回避可能となり，他の組織・部門との相対的な価値の比較が可能になる。また，費用（インプット）と便益（アウトカム）との関連情報（コスト－アウトカム測定値）についても，双方が"円"で測定・表示されるため，他の組織・部門との「比較可能性」を確保できることが，結論として示された。

第7章のまとめ

　第7章では，「費用便益分析」理論が現時点（平成25年）で適用されていない「事務事業」の業績評価につき，第6章で示された，適用を阻む諸事由を踏まえながら，アウトカムの貨幣的測定が可能であるかを規範演繹的に考察した。
　現行のわが国政策評価システムでは，アウトカムの測定値として「ベンチマーク」の達成度が適用・表示されている（ベンチマーキング）。これは，基準となる目標値をあらかじめ定めておき，これに対する達成度（基準と実績の比率）をもってアウトカムの測定値とし，政策の「有効性」を査定しようとするものである。当該測定に内在する問題は，ベンチマークの項目および目標水準が，管理者の意思により設定されることである。この場合，他政府・組織と同様の政策において，異なるベンチマークが設定されることになる。また測定単位についても，貨幣価額（単位：円）のみならず数・量でも示されるため，他との比較が可能とならない（比較可能性の問題）。
　そこで，すでに「公共事業」の業績評価で適用されている費用便益分析理論を援用し，「事務事業」のアウトカムに対する貨幣的測定の適用方法が考察された。公共事業の便益については，時間・経費・事故（トラブル）などの減少価額（一般化費用の減少）に基づいて測定されるが，事務事業においても同様に，サービス受益者における時間・経費などの減少価額測定によって，便益の価額が測定可能と考えられる。そして，貨幣価額で測定された当該便益が，事務事業のアウトカム測定値となり，政策の「有効性」査定に資する情報となる。
　こうして，「アウトカムを貨幣価額で測定することで主観介在を回避して適正な査定を可能にする」という目標仮説の検証につき，費用便益分析理論に基づいてアウトカムを貨幣的に測定することにより，「事務事業のアウトカム測定において主観が介在すること」の問題点を回避することが可能になると結論付けられた。

本研究の結論

　以上，本研究により導出された結論として，「事務事業」評価の「目的」である，「情報利用者に対し説明責任を全うすること」のために，事業に配賦された退職給付費用，事業の予算超過額，および公債・借入金などの負債変動情報について，政策評価システムで必須的に表示すべきと判断する。
　また，「事務事業」評価におけるアウトカムの業績測定・評価に主観が介在することを避止するため，「費用便益分析」理論に基づく便益の貨幣的測定値を表示すべきと考える。

【参考文献】

AASHTO [2003], *User Benefit Analysis for Highway Manual*, AASHTO.

A. Crawford and D. Loyd [2009], *Governmental GAAP GUIDE for State and Local Governments*, CCH.

A. Gray and B. Jenkins [1993], "Codes of Accountability in the New Public Sector", *Accounting, Auditing, & Journal*, 6(3).

Boardman, Greenberg, Vining and Weimer [2000], *Cost – Benefit analysis*, Prentice Hall, 岸本光永監訳 [2004]『費用・便益分析』ピアソン・エデュケーション。

D. R. Sheldon [1996], *Managing for Efficiency, Effectiveness*, and Economy, Quorun Books.

FASAB [1993], *Objectives of Federal Financial Reporting*, Statement of Federal Financing Accounting Concepts No. 1, 藤井秀樹監訳 [2003]『GASB／FASAB 公会計の概念フレームワーク』中央経済社。

――― [1995], *Entity and Display*, Statement of Federal Financing Accounting Concepts No. 2, 藤井秀樹監訳 [2003]『GASB／FASAB 公会計の概念フレームワーク』中央経済社。

GAO [2005], *Performance Measurement and Evaluation*, GAO.

GASB [1987], *Objectives of Financial Reporting*, Concepts Statement No. 1 of the Governmental Accounting Standards Board, 藤井秀樹監訳 [2003]『GASB／FASAB 公会計の概念フレームワーク』中央経済社。

――― [1994], *Service Efforts and Accomplishments Reporting*, Concepts Statement No.2 of the Governmental Accounting Standards Board, 藤井秀樹監訳 [2003]『GASB／FASAB 公会計の概念フレームワーク』中央経済社。

――― [1999], *Basic Financial Statements – and Management's*

Discussion and Analysis- for State and Local Governments, Statement No.34 of the Governmental Accounting Standards Board.

IASC [1989], *Framework for the Preparation and Presentation of Financial Statements*, IASC.

Joseph E. Stiglitz [2000], *Economics of the Public Sector*, W.W.Norton & Co. Inc. (NP), 藪下史郎訳 [2003]『スティグリッツ公共経済学・上』東洋経済新報社。

OECD [1997], *In Search of Results-Performance Management practices*－, OECD.

ASBJ [2006], 企業会計基準委員会『財務会計の概念フレームワーク』討議資料。

東信男 [2001]「我が国の政策評価制度の課題と展望」『会計検査研究』第24号。

石井薫 [1989]『公会計論』同文舘。

石原俊彦 [1999]『地方自治体の事業評価と発生主義会計』中央経済社。

大住荘四郎 [1999]『ニュー・パブリック・マネジメント』日本評論社。

─── [2002]『パブリック・マネジメント』日本評論社。

大塚成男 [2012]「地方公共団体におけるコスト情報の意義」『会計検査研究』第46号。

大塚久雄 [1981]『社会科学の方法』岩波新書。

貝塚啓明 [2003]『財政学[第3版]』東京大学出版会。

金本良嗣 [2004]「消費者余剰アプローチによる政策評価」RIETI Discussion Paper Series 04-J-042。

金本良嗣・蓮池勝人・藤原徹 [2006]『政策評価ミクロモデル』東洋経済新報社。

亀井孝文 [2004]『公会計改革論』白桃書房。

交通工学研究会 [2008]『道路投資の費用便益分析』交通工学研究会。

国土交通省 [2004]「公共事業評価の費用便益分析に関する技術指針」国土交通省。

─── [2008]「費用便益分析マニュアル」国土交通省。

桜内文城 [2004]『公会計―国家の意思決定とガバナンス』NTT出版。

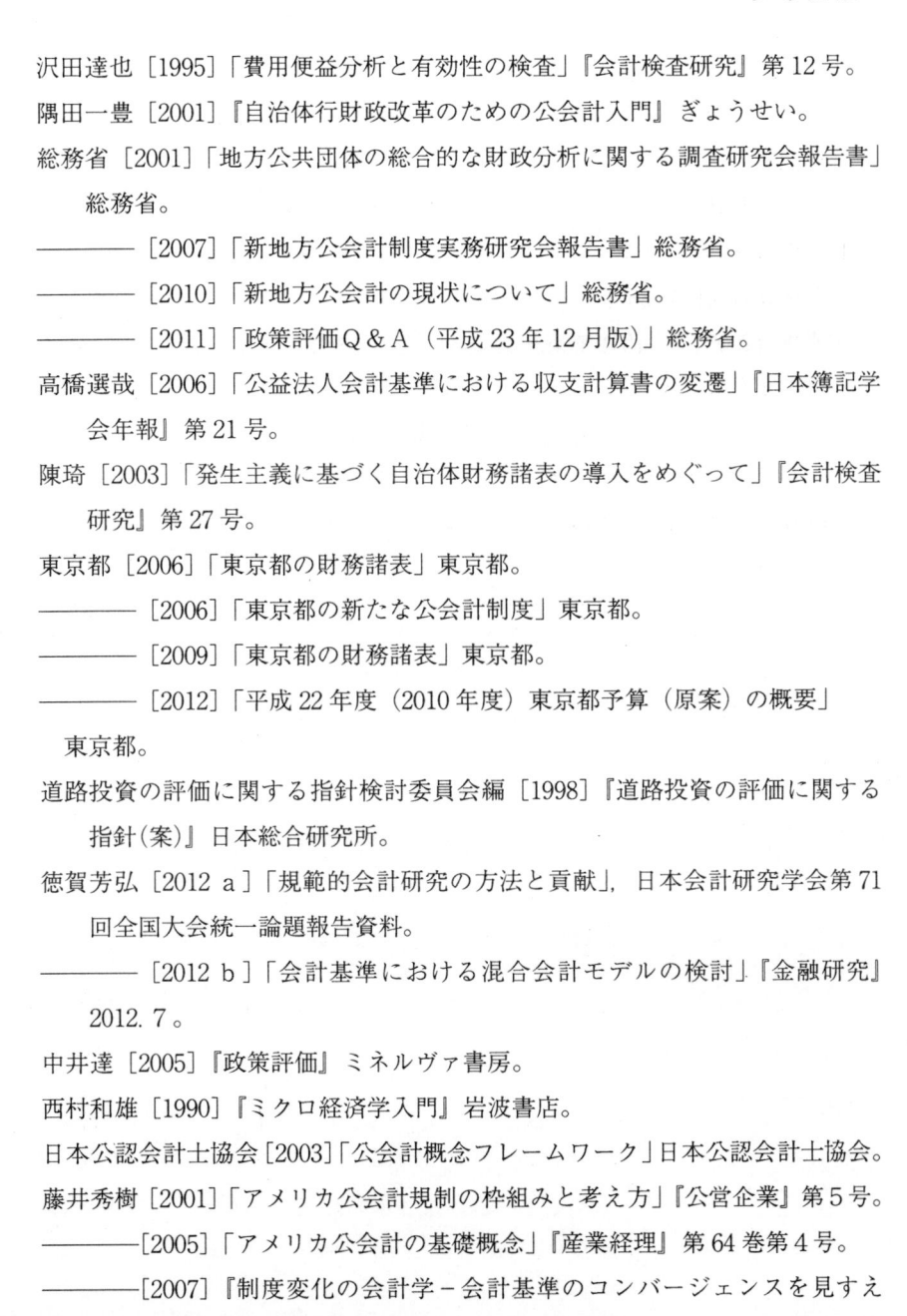

沢田達也［1995］「費用便益分析と有効性の検査」『会計検査研究』第12号。
隅田一豊［2001］『自治体行財政改革のための公会計入門』ぎょうせい。
総務省［2001］「地方公共団体の総合的な財政分析に関する調査研究会報告書」総務省。
―――［2007］「新地方公会計制度実務研究会報告書」総務省。
―――［2010］「新地方公会計の現状について」総務省。
―――［2011］「政策評価Q＆A（平成23年12月版）」総務省。
高橋選哉［2006］「公益法人会計基準における収支計算書の変遷」『日本簿記学会年報』第21号。
陳琦［2003］「発生主義に基づく自治体財務諸表の導入をめぐって」『会計検査研究』第27号。
東京都［2006］「東京都の財務諸表」東京都。
―――［2006］「東京都の新たな公会計制度」東京都。
―――［2009］「東京都の財務諸表」東京都。
―――［2012］「平成22年度（2010年度）東京都予算（原案）の概要」東京都。
道路投資の評価に関する指針検討委員会編［1998］『道路投資の評価に関する指針(案)』日本総合研究所。
徳賀芳弘［2012 a］「規範的会計研究の方法と貢献」，日本会計研究学会第71回全国大会統一論題報告資料。
―――［2012 b］「会計基準における混合会計モデルの検討」『金融研究』2012.7。
中井達［2005］『政策評価』ミネルヴァ書房。
西村和雄［1990］『ミクロ経済学入門』岩波書店。
日本公認会計士協会［2003］「公会計概念フレームワーク」日本公認会計士協会。
藤井秀樹［2001］「アメリカ公会計規制の枠組みと考え方」『公営企業』第5号。
―――［2005］「アメリカ公会計の基礎概念」『産業経理』第64巻第4号。
―――［2007］『制度変化の会計学－会計基準のコンバージェンスを見すえ

　　　　て-』中央経済社。
―――［2010］「非営利法人における会計基準統一化の可能性」『非営利法人研究学会誌』第12号。
藤枝省人［2001］『経済社会の社会的便益費用分析』税務経理協会。
藤野雅史［2007］「マネジメントプロセスにおける業績測定システムの利用」『会計検査研究』第36号。
宮本幸平［2003］「自治体業績評価におけるフィードバックの諸問題」『會計』第164巻第3号。
―――［2007］『公会計複式簿記の計算構造』中央経済社。
―――［2010］「「費用便益分析」による政府会計情報の測定・表示」『神戸学院大学経営学論集』第7巻第1号。

著者紹介

宮本　幸平（みやもと　こうへい）
1963年　神戸市生まれ。
京都大学大学院経済学研究科博士課程修了。
京都大学博士（経済学）。
現　在　神戸学院大学経営学部教授。
　　　　京都大学公共政策大学院非常勤講師。
　　　　川西市上下水道事業経営審議会審議委員。

【著　書】

『企業不正支出とコーポレートガバナンス』中央経済社，2002年。
『社会生活と会計』名英図書出版協会，2002年。
『会計学』名英図書出版協会，2002年。
『GASB／FASAB公会計の概念フレームワーク』藤井秀樹監訳，中央経済社，2003年。
『自治体の財務報告と行政評価』中央経済社，2004年。
『公会計複式簿記の計算構造』中央経済社，2007年。
『非営利組織会計テキスト』創成社，2012年。

著者との契約により検印省略

平成25年3月20日　初版発行	**政策評価における公会計の機能**
	著　者　宮　本　幸　平
	発行者　大　坪　嘉　春
	印刷所　税経印刷株式会社
	製本所　株式会社　三森製本所
発行所　〒161-0033　東京都新宿区下落合2丁目5番13号	株式会社　税務経理協会
振　替　00190-2-187408	電話　(03)3953-3301（編集部）
ＦＡＸ　(03)3565-3391	(03)3953-3325（営業部）
URL　http://www.zeikei.co.jp/	
乱丁・落丁の場合は，お取替えいたします。	

© 宮本幸平　2013　　　　　　　　　　　　　　　　　Printed in Japan

本書を無断で複写複製（コピー）することは，著作権法上の例外を除き，禁じられています。
本書をコピーされる場合は，事前に日本複製権センター（JRRC）の許諾を受けてください。
JRRC〈http://www.jrrc.or.jp　eメール：info@jrrc.or.jp　電話：03-3401-2382〉

ISBN978-4-419-05966-8　C3034